ASSET MANAGEMENT

社長の資産を増やす本

社長の資産専門税理士
清野宏之

社長の人生支援社労士
萩原京二

星野書房

人生をかけて、
会社経営を行ってきた社長へ。

お金にも時間にもゆとりのある豊かな人生を送れていますか？

毎年着実に資産を築けていますか？
もらい損ねているお金はありませんか？

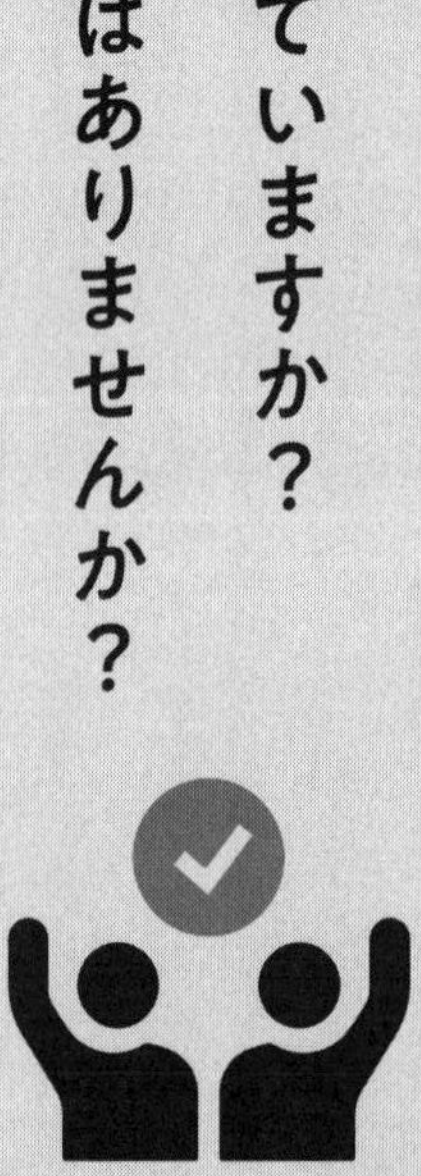

「会社にキャッシュを残すことが優先だし…」
「まぁなんとかなるだろう…」と
うやむやにしていませんか？

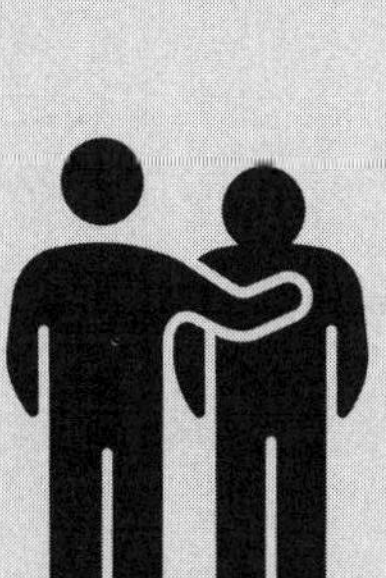

会社に貸し付けている役員借入金、
国の年金、
勇退のときにもらえる退職金対策を
放置していませんか？

勇退後に備えて、
資産を「増やす」ことも
本格的に考えてみましょう。

本書では、目の前の仕事に追われ、
自身の資産づくりを後回しにしている世の中の社長に
「悔いのない人生」を送ってもらうための
資産の増やし方を徹底解説します。

改めて考えてみてください。
あなたはどんな人生を送りたいですか？

残された時間をどう過ごしますか？

やり残したことはありませんか？

会社の資金繰りや目の前の経営に追われ、
自分のことを後回しにしてきたあなたにこそ、
知っていただきたい内容ばかりです。

いまのうちから
手持ちの資産を最大限増やし、
後悔のない、豊かで安心な人生を送りませんか？

はじめに

本書を手にとっていただき、ありがとうございます。

前作『社長の資産を守る本』（セルバ出版）は、ありがたいことにたくさんの方々からご好評をいただきました。

本書は、社長の資産を「守る」ことから「増やす」ことへ主眼を移しています。

誤解を与えないためにも最初に申し上げたいのは、本書は資産運用の本ではない、ということです。

この話をする前に、本書の出版に至った背景をお話しさせてください。

わたしは「社長の資産専門税理士」として、数多くの経営者の方々の相続・事業承継に関する税務相談を行っています。社長の資産税の相談に特化したのは、世の中には社長個人の資産を分析したり、問題を整理して浮き彫りにしたりする税理士がいない、と思ったからです。

会社の財務や税務を取り扱う税理士はたくさんいますが、社長の想いを聴き、必要な対応を提案する税理士は、あまりいません。実際、さまざまな経営者の方々にお話を伺ったところ、社長個人の資産でお困りの方が大勢いたのです。

そして、「この社長さんたちのお役に立ちたい」と心が決まり、ライフワークとして社長の資産相談を専門とするに至りました。

わたしは30年以上税理士の仕事をしていますが、事務所は親から引き継ぎました。つまり、事業承継を経験した人間です。

かつ、20年間経営者として税理士事務所を運営しています。

だからこそ、同じ「経営者」として感じられる社長の想いを汲み取り、状況を整理して問題を特定して、人生のロードマップをつくるお手伝いができるのではないか。それを、わたしの大切な仲間である社会保険労務士の萩原京二さんと一緒に取り組んでいきたい。それが、本書を出版しようと思ったきっかけです。

社長に必要なのは、節税だけではないはずです。

これは、わたしの根幹にずっと存在することでもあります。

前作の『社長の資産を守る本』からつながる話ですが、むしろ節税を行うのではなく、税金を増やしてでも、社長個人の「手残り」を増やすのは大切なことです。

経営者の端くれとして、数多くの経営者の方々と関わるなかで、わたしができること、したいことはまさにそこなのだ、と思ったのです。


改めてお話ししますが、本書は資産運用の本ではありません。

社長は、会社に貸し付けている役員借入金、国の年金、勇退のときにもらえる退職金を、意外とないがしろにしがちです。そして、人生をかけて会社経営を行った結果、本来は楽しく過ごせるはずの勇退後の生活に必要なお金が足りず、困っている社長が後を絶ちません。

貸しっぱなしの役員借入金を返済してもらったり、もらえるはずの年金や退職金をしっかりと受け取ったりして、老後を安泰に過ごすこと。

これが、本書の「資産を増やす」という意味です。

会社の事業承継や相続は、会社にとっても社長にとっても極めて重要なイベントです。ただ、いい条件で後継者に会社を継がせたいからといって、株価を下げるのは、かならずしも最善の策とは言えません。場合によっては、会社の価値を高めてM&Aを行うことが最善のこともあるのです。そのほうが手元のお金が増えて、そのお金をどうしようか…といった話ができるはずです。

将来的に考えなければならない相続にしても、税金を安くすることだけが大切なのではなく、残った家族が困らない形にしておくべきです。

本書の目的は、目の前の仕事に追われ、自身の資産づくりを後回しにしがちな世の中の社長に、「悔いのない人生」を送っていただくことです。

知っているか知らないかで、「億単位」の差が出るかもしれません。

本書をきっかけに、楽しい社長ライフを送っていただくことを願ってやみません。

２０２４年10月　清野宏之
萩原京二

プロローグ ……… 2
はじめに ……… 14

第2章 社長はもっと「自分の人生」を欲張ってもいい

第3章 社長こそ自分の人生をデザインしよう

第4章 社長の年金をしっかり受け取ろう

第5章 社長の退職金を確保しよう

第6章 生前の事業承継・相続対策で安心して生きよう

第1章

社長にとっての「豊かな人生」を考えよう

「社長がいかに人生を楽しむかが大事」

資産を増やすのは充実した人生を生きるため

本書の「社長の資産を増やす」というタイトルから、「税理士や社会保険労務士が、資産運用のことを話すの？」と思われた方も多いでしょう。

でも、本書はそのような本ではありません。

そもそも税理士が扱う仕事のゴールは、税金の計算や申告といった手続きを行うことです。わたしは相続を専門とする税理士なので、相続税の計算や申告が主なゴールであり、そのゴールに向けた相続税生前対策をご案内してきました。

つまり、相続税の申告という手続きに至るまで、「相続」が「争族」にならず、可能な限り納税額を抑えつつ、きちんと納税できるようお金の手当てを行うために必要なアドバイスをしてきたのです。

基本的に、「相続税生前対策」は「資産を守ること」とセットになっています。しかも相続税生前対策は、「資産を持つ人」ではなく「受け継ぐ人」を守るためのものです。つまり、将来パートナーやお子様が円満に財産を分け合い、納税額を減らして手残りを多くする、というのが相続税生前対策のイメージでしょう。

本書でテーマとするのは、じつはそこではありません。**相続財産を将来受け継ぐ家族・親族に向けたものではなく、「社長がご自身の人生をいかに楽しむか」**をお伝えしたいのです。そのためにも社長のお金を積極的に増やしましょう、というのが本書のテーマです。ただ守るだけではなく、積極的に手持ちのお金を増やし、ご自身の人生を楽しむためのお話をしたいと思っています。

経営者として、そしてひとりの人間として、充実した人生を生きるために資産を増やすのは、非常に大切なことではないでしょうか。

「豊かな人生を送っていますか？」

もらえるお金をもらい損ねている社長が多い

「充実した人生を生きるためにも、資産を増やしましょう」といったお話をすると、「なんだ、やっぱり資産運用の本じゃないか」と思う方も多いかもしれません。

たしかに、昨今は株価が上がり、新ＮＩＳＡも盛況で、「いかに資産運用でお金を増やすか」といった話が巷にあふれています。金融機関から、投資のお誘いも多いのではないでしょうか。

もちろん、手持ちのお金を増やすことができれば、それに越したことはありません。

でも、本書でお話しするのはその前段階のことです。

あなたは、お金をもらい損ねていませんか？　もしくは、「どうせもらえないし」と諦めているお金はありませんか？　そして、豊かな人生を送っていますか？

わたしは、多くの経営者の方々と接する機会が多いのですが、**実際にもらえるはずのお金をもらい損ねている、もしくは「もらえるはずがない」と諦めてしまっている方が非常に多い**のです。

また、ご自身のしあわせを手放してしまっている方も、少なくありません。

「役員借入金」に何も対策をしないのは論外

たとえば、「役員借入金」という勘定科目が会社のB／Sに計上されている会社は多いのではないでしょうか。役員借入金はご存じの通り、経営者個人の資金を会社に貸し付けたときに計上される勘定科目です。

この役員借入金を清算する方法には「債権放棄」というものもありますが、もともと社長個人のお財布から拠出したお金を諦めていいものでしょうか？

それなりの金額を拠出しているのであれば、たとえば勇退とともに返済してもらうことで、社長退任後の老後資金として活用できるはずです。

何の対策も行わないのは、論外です。もし会社にお金を拠出したまま亡くなったら、金銭債権として相続税の対象となります。会社が返済できない状況で相続が発生すれば、資金化できない財産のおかげで相続税が増えてしまいます。

「役員退職金」も、ないがしろにしている人が多い

ほかにも、「役員退職金」をないがしろにしていませんか？　**役員退職金は、長年にわたる経営者の功績、苦難に報いるものであり、しっかりと受け取らなければならないもの**です。ところが、会社の業績不振によって諦めてしまうケースが少なくありません。

たしかに資産運用も大切ですが、その前に取りこぼししているお金はありませんか？　もらえるべきものを見逃さないよう、しっかりと押さえてほしいのです。

経営者を勇退する頃は、それなりの年齢になっているはずです。平均余命で考える

と、余生は10年ほどなのかもしれません。


あなたは、どんな人生を送りたいですか？

残された10年をどう過ごしたいですか？

やり残したことはありませんか？

しあわせな人生を送るには、どれほどのお金が必要ですか？

そのお金を得るために、会社の利益をどのように増やしますか？

どんな手立てを打ちますか？


そして、10年後、20年後に相続が発生したら、どう対応しますか？

このようなビジョンを持たないまま、流行りの新NISAなどに目を向けているだけではもったいないことです。

先に取り組むべきことを見過ごしていませんか？

本書をきっかけに、手持ちのお金を最大限増やしていきましょう。

役員借入金の対策は必須

役員借入金とは、
会社に貸し付けた経営者個人の資金

対策することで、

◯勇退時に返済してもらえる

対策しないと・・・

◯金銭債権として相続税の対象になる

生前に事業承継を行うメリット

生前に対策を行えば心穏やかな余生を過ごせる

「大切なのは、お金だけではない」とよく言われます。

もちろん、先立つものがなければ「物」が豊かな暮らしはできません。でも、お金を優先しすぎるあまり、家族関係がギスギスしている、気の置けない友人が少ない、葬儀で惜しみながら見送ってくれる人がほとんどいない…ということでは、本当に豊かな人生とは言えません。

お金だけではなく人にも恵まれた生活を送ることが、「物心ともに豊かな人生」と言えるのではないでしょうか。

社長にとって、「終活」という観点で大切なイベントに、「事業承継」と「相続対策」があります。なかには、「自分が亡くなったときに事業承継をすればいい」と考え、生前に何も対策を行わない社長もいます。

それはそれで、ご自身の生き方なので、否定されるものではありません。

一方で、パートナーやお子様、従業員に多大な苦労をかけることが予想できます。**大切な人たちに迷惑をかけないためにも、社長が主導的に・よりよい形で事業のバトンを渡すことも大切**なのではないでしょうか。

事業承継は、単に事業を引き継ぐだけではありません。売る側も、会社をもっと発展させて、従業員や地域に貢献することを目的に行うものでもあるのです。

生涯現役で社長を続け、亡くなったあと残された人たちが事業承継を行うデメリットは、社長自身が退職したあとの会社がどうなっているのかを社長本人が見られないことです。

もちろん、ある程度の対策を生前にとっていたのなら、不安はそれほど大きくないかもしれません。でも、とくに事業承継は、数字うんぬんではなく人の感情が大きく影響するため、実際に動き出さなければうまくいくかどうかわからないのではないでしょうか。

一方で、**生前に事業継承を終えて退任しておけば、何かうまくいかないときには自分が調整役となり、大切な会社がうまくまわり始めるまで見届けることができます**。これが、生前に退職し、事業承継を行っておくことの大きなメリットでしょう。

同じことは、相続にも言えますよね。

しっかりと形をつくっておけば、「あとは、任せた！」と思えるため、心穏やかな余生を過ごせるでしょう。

終活は元気なうちに

事業承継

相続対策

生前の対策で
よりよい形でバトンを渡すことができる

人生安心診断チェックリスト

将来の大イベントが万全か、チェックしてみよう

社長の多くは、会社の存続や成長・発展や従業員のことを本気で考えていますが、どうしてもご自身のことを後回しにしがちです。

会社経営という重責を終えたあと、退任後の暮らし、相続といった「ご自身やご家族の人生のイベント」が訪れたとき、ご自身やご家族の人生を考えていなかったために、大変な思いをしている社長は少なくありません。

そんな「緊急ではないが、重要」なことの解決は、簡単に・短時間でできるもので

はなく、ある程度時間をかけてしっかりと考える必要があります。

普段なかなか考えない将来の大イベントについて、この機会に少し時間をとってイメージしてみませんか？

まずは、ご自身やご家族の人生を考えたときに安心できる状態か、チェックしてみましょう。

【あなたは大丈夫？　人生安心診断チェックリスト】

□総資産がいくらあるか把握できている
□月々の家計の収支を把握できている
□毎月定額の貯蓄をし続けることができている
□老後のお金がいくら必要かを把握できている
□自分と伴侶が何歳から・いくら年金をもらえるか把握できている
□自宅をはじめ、所有している不動産の価値を把握している
□自分と伴侶が持っている資産（株、保険など）の価値を正確にわかっている
□持っている骨董品、美術品の資産価値がわかっている

□運用益の出ている投資を行っている
□夫婦間で会社の話、将来のお金の話をする機会を定期的に持てている
□会社の後継者が決まっている、もしくは売却先が決まっている
□「自活できず、扶養しなければいけない家族の将来のお金の対策」ができている
□相続のこと（誰に・いくら残すのか）を検討済みである

チェックがひとつでもつかなかったら対策が必要

ここでチェックリストの結果発表をします。
あなたとあなたのご家族の「人生安心度」は、次の通りです。

【人生安心度】

●チェックの数が3個以下：危険ゾーン
↓いまのままでは、「安心人生」には遠いかも…

●チェックの数が4～5個：注意ゾーン
↓「安心人生」のためには、見直すべきところが多いでしょう
●チェックの数が6個以上：安全ゾーン
↓大丈夫！　あともう少しがんばれば、「安心人生」が待っています！

いかがでしたか？
ただし、「安全ゾーン」だった人も、油断はできません。
チェックがひとつでもつかないものがあったら、対策が必要です。
次から、実際に起こった「社長あるある」を見ていきましょう。

「個人資産」を把握していない社長は多い

目に見えにくい資産が将来の大きな足かせに

会社が保有する資産や財務状態はわかっているのに、肝心の個人資産を把握していない社長は多く見られます。

たとえば、自社株式は会社が利益をあげればあげるほど評価額が上がる「資産」ではありますが、上場していない自社株式は非常に換金しにくく、相続が発生したあとでご家族が相続税に苦慮することも少なくありません。

また、会社の資金状況が厳しいとき、社長自身のお財布から補填することもありますが、これは「貸付金」という金銭債権であり、社長の資産そのものです。

そして、これが返済されず、そのままになっているケースが多々見られます。

相続が発生したとき、会社の財務状況が芳しくなければ、資金化できないのに相続税の計算対象となってしまうでしょう。

また、社長が元気なうちに会社から返済してもらえれば、ほしかったものを買う、ご家族とおいしいものを食べる、旅行へ行くといった有効な使い方ができるはずです。

このような、**目に見えにくい「資産の塊」を認識せずに、「わたしには、資産なんてないから」と勘違いしている社長も多い**のですが、これが老後の資金繰りや将来の相続において大きな足かせになり得ることを知っておくべきです。

ご自身の「資産」に対する意識を、もっと高めましょう。

個人資産を把握する

老後の資金繰りや相続を考え、
自分の資産は把握しておく

退任を決めるタイミングが遅すぎたケース

退任までの準備期間は最低でも10年必要

一般的に、事業承継を行う場合の社長の退任年齢は75歳くらいと言われています。ところが、退任の1~2年前になって「どうしようか…」と考え始めることも多く、実際には遅すぎます。なぜなら、事業承継は

・後継者をどうするか？
・バイアウト（会社の売却）できる先はあるか？
・廃業する場合は、従業員の身の振り方をどうするのか？

といったように、考えるべきことが山積みだからです。

また、75歳を前にして亡くなってしまうことも、少なくはありません。

そうなると、会社が混乱してしまいます。

さらに、年齢を重ねるごとに、認知機能が低下するリスクがあります。

重大な決断は、心身ともに充実している間に行わなければならないのです。

退任までの準備期間は、最低でも10年確保すべきです。

後継者がいるかどうかによっても、対策は変わってきます。

後継者がいないからと言って、すぐにバイアウトできるものでもありません。

事業承継の準備を早くから行っておかなければならないことは、間違いありません。

先々どうしていきたいのか、早いうちに決めておくようにしましょう。

退任の準備期間は10年必要

心身ともに健康なうちから
早めに退任の準備をしておく

「会社のお金＝自分の財布」と勘違い

会社と個人のお金を切り分けなければ大変なことになる

人生を賭けて会社の発展に尽力するのが経営者の役割なので、会社を大事に思うのは当然のことでしょう。

ただ、あまりにも大事に思いすぎて、会社に個人の財布からお金を貸したあげく、個人口座がからっぽ…という社長もいます。

なかには、奥様の預金にまで手をつけてしまう社長さんもいるようです。

会社がピンチを乗り越えて、成長軌道に乗ればいいのですが、返せなかったときには大変なことになってしまいます。

あとでお金を返せれば問題ありませんが、会社が潰れてしまったら、

・自分の個人資産もない
・家族の信用も失う

といったように、最悪の事態に陥ることになります。

会社が社長から借りたお金は銀行融資とは異なり、口座から自動返済されるものではありません。

会社のお金と個人のお金をきちんと切り分けなければ、大変なことになってしまうのです。

会社と個人のお金は切り分ける

会社に個人のお金を貸して
会社が潰れた場合

個人資産を失う	家族の信用も失う

会社のお金 ≠ 個人のお金
切り分けることが対策になる

「事業承継で株の評価額を下げることだけに走ってしまう」

事業承継に向けて、株価を上げることが必要な場合もある

事業承継において、「株価対策」は重要なポイントのひとつです。

なかには、「株価対策は、評価額を下げること」と思い込み、自社株の評価を下げることだけを考える社長もいます。

でも、一般的に言われている「株価対策＝評価額を下げること」と考えるのは、あまり得策ではありません。

なぜなら、かならずお子様などに継がせられるわけではないため、バイアウトを行

うことも選択肢に、両面で考えておく必要があるからです。

つまり、**誰も継いでくれる人がいないと決まったときには、バイアウトする方向で会社の財務を改善しておかなければいけません。**

バイアウトを行うのであれば、

1. 株価が高いままで、多くの企業がほしいと思う会社にしておく
2. 財務状況をよくしたり、従業員の地力を上げたりする取り組みを行っておく

といった対策が欠かせません。

状況によっては、株価以上の価値を感じさせる会社にしておくことも大切です。

そのような意味でも、事業承継には早い段階で取り組んでおかなければならないのです。

「いま」だけを生きる社長が多い

事業計画と一緒に「人生プラン」も考えてみよう

社長のもっとも大切な仕事は、「決めること」ですね。

まさに会社経営は、日々決断の連続です。

「いま」を必死にがんばる社長は、素晴らしいと思います。

ただ、社長も年齢によって考え方が変わって然るべきです。

なぜなら、40代から50代になるときや、50代から60代になるときに出てくる問題は、まったく異なるからです。

40～50代の優先順位は、おそらく「会社をもっと成長させること」でしょう。

それが60代になると、「誰に承継するか」に関心が高まってきます。

ですから、**ある時点で考えていることを書き残しておき、数年経ったところで振り返る機会を持つのがおすすめ**です。

事業計画と一緒に「人生プラン」を考えてみると、とてもわかりやすいのではないでしょうか。

あなたが人生を賭けて大切にしている会社は、ご自身の人生観とつながっている事業を行っているはずです。

10年に一度は、人生プランも交えて事業方針を考えてみませんか。

とくに60代になるときは、あなたの人生の総決算に向けて考え始めるべきタイミングです。年金受給、勇退、勇退後の人生…と、考えることがたくさんありますよ。

「蓄財」ができていない

会社の収支はしっかりと押さえていても、個人や家庭の収支まで押さえている社長を見かけることは、決して多くありません。

これは、余ったお金があると会社へ注ぎ込んでしまう人が多いからなのかもしれません。それだけ、大切に思っているのですね。


ただ、社長の退任後、国の年金だけで同じ暮らしを続けるのは困難でしょう。

「収入に応じた暮らしをすればいい」と頭ではわかっていても、急に生活を縮小することはなかなかできないものです。

役員報酬を受け取っているうちに、不動産や株式などの資産として残しておくに越したことはありません。

「年金プラスアルファ」の備えをかならずしておくべきです。

また、収入の多い社長は、国の年金ももらいそびれることがほとんどです。

増やすのも大切ですが、本来もらうべきものをしっかりと受け取ることも、大切なことなのです。

60代は総決算に向けて考える時期

40～50代　会社をもっと成長させるには?

60代　誰に承継するか？

↓

おすすめの対策

1　考えていることを書き残し、数年経ってから振り返る

2　事業計画といっしょに自分の「人生プラン」も考えてみる

「家族との関わり方を考えていますか?」

事業承継も「家」から「人」に基準が移っている

時代とともに、自由な生き方を求める若年層が増えたことは間違いありません。そんな時代の移り変わりもあってか、親として「会社や子どもにとって、事業を継がせることが本当にいいのか?」と、わが子に会社を継がせるべきか、非常に真剣に考えている社長も少なくありません。

ひと昔前であれば、中心は家や事業であり、「子どもに継がせるのは当然。では、誰に継がせるのか?」という判断でしたが、現代では「人」に基準が移っています。

わが子が女性だけだった場合には、跡取りの夫を養子として迎え入れる、もしくは社員と娘さんに結婚してもらい、後継者にするというパターンが減ってきています。時代の変化によって、事業承継のあり方が変わってきたことは否定できませんね。

奥様の人生も本気で考えるべき

相続対策にも言えることですが、奥様の意見をあまり聞かない社長は多いのではないでしょうか。事業承継も相続も、ご夫婦にとって非常に大きなイベントであるにもかかわらず、奥様のご意向がほとんど入っていないことが多く見られるのです。

終活においては、奥様のご意向を聞いておかなかったために残念な結果になることも多々あります。なぜなら、母親でもある奥様は、子どもたちのことを一番知っているからです。子どもたちも、母親の言うことは無下にはできません。

本書をお読みの男性の社長さんは、「奥様の夢」を聞かれたら、答えられますか？

社長であるとともに夫である方々は、奥様の人生を一緒に、本気で考えたほうがいいでしょう。

社長は「よりよい人生」を考えよう

ご自身のしあわせを置いてけぼりにしていませんか？

本書のタイトルは「社長の資産を増やす」ですが、大きなテーマは「人生をどう楽しむか」ということです。

経営者として日々活動するうえで、しっかりと仕事をすることは最優先です。

一方で、あなたは仕事やプライベートも含めて、「人生」を楽しんでいますか？

そして、理想的なリタイアをしたあとの生活を楽しむ準備はできていますか？

人生は永遠に続くわけではない、と言われれば、ほとんどの人が「そんなこと、当たり前じゃないか」と答えるでしょう。

ところが、多くの経営者の方々と触れ合っていると、勇退したあとも含めてもっと人生を楽しめばいいのにな…と感じることが少なくありません。

多いのは、税金を中心に考えている社長です。相続にしろ事業承継にしろ、節税はあとからついてくるものなのですが、**「税金対策をどうにかしたい…」と考えている経営者ほど、ご自身のしあわせを置いてけぼりにしている**ように感じるのです。

希望に燃えつつ、覚悟を決めてスタートした会社の経営が、税金対策に追われてばかりで難行苦行になってしまってはつらいですよね。

それと同様に、借入金の返済ばかりに必死になり、事業＝借入金返済になっては、経営が楽しくなくなってしまいます。

年齢を重ねるにつれて、「事業承継」「相続」といったキーワードが頭にチラつき始めるかもしれませんが、この2つのワードの持つインパクトが強いために、そちらへ注力してしまいがちです。

でも、忘れてほしくないのは、「人生をどう楽しむか」ということです。

また、パートナーやお子様も、あなたの人生を彩る大事な要素であるはずです。

大切なご家族と楽しむには何をしなければならないかも、ぜひ考えていきましょう。

激務のご褒美として退職金を受け取り、次の人生を考えてもいい

さまざまな社長と話す際に退職金をどう考えているか尋ねてみると、「考えたこともない」という人が大半です。

年齢によっては考えているのではないかと思いきや、70～80代の社長さえ、「俺は死ぬまで社長のままでいる。退職金は、亡くなったあと家族に渡ればいい」と考えている人が多いのです。

極端な表現をすると、自分事になっていないのかな、と感じてしまいます。

もちろん、「生涯現役を貫きたい」と考えて、社長のまま人生を終えるのも、ひとつの生き方です。一方で、たとえば75歳で会社を後継者に譲ったり、M＆Aに出したり

して会社を勇退し、その後の人生を楽しむのもひとつの生き方であるはずです。

このようなときに活きてくるのが、役員退職金でしょう。

あなたがもし、先々の勇退を考えたことがなかったなら、

・やり残したことはないか？
・人生を目一杯楽しんだか？

といった視点を持ち、退職金の要否を考えてほしいのです。

社長として会社を守ってきた自分を支えてくれた家族のために、退職金を使ってもいいはずです。

仕事が好きなのは素晴らしいことですが、**仕事があっての人生ではなく、人生の一部として仕事がある**のではないでしょうか。

満足のいく仕事を成し遂げたらそこでいったん区切りをつけ、ご褒美として退職金を受け取ったうえで、次の人生を考えることも許されるでしょう。

65歳、70歳、75歳など、何歳で退職金を受け取ったとしても、その後の人生を大き

く左右する非常に重要なお金です。

社長のまま人生を終えて、残された家族に退職金が渡れば、たしかに奥様やお子様のためにはなります。でも、ご自身で使える機会はなくなってしまうのです。

せっかくなら、生きているうちに受け取って、ご自身の余生に活かしてみるのも素敵なことですよね。

もちろん、会社経営を揺るがすほどのお金をもらうことは推奨しません。事前に退職金をどの程度もらうのかを想定しながら、会社運営をしていくべきです。

勇退に向けたゴールを決めよう

「退職すること（退職金をもらうこと）＝会社をやめること」であり、人生における大きな区切りとなるイベントです。

ご自身がやめるには、後継者にしてもM&Aで別の会社に譲るにしても、誰かに経営を代わってもらう必要があります。

会社を畳むという選択肢もありますね。

いずれにしても、ゴールを決めなければ勇退することはできません。

さらに、会社が退職金を出すことで債務超過に陥る可能性があるようでは、本末転倒です。そうならないよう、ご自身が十分な退職金をもらえる財務体質にしておかなくてはいけません。

この**人生の節目にもらう退職金というお金は、今後の人生にとって重要**です。

まずは、この重要性を経営者自身がどれだけ認識しているかによって、後々大きな差が出てくるでしょう。

1章ポイント

◯社長の資産を増やすのは何のため？

●社長自身が自らの人生を楽しむため

◯資産を増やすとは？

●もらえるはずのお金をきちんともらうこと

◯もらえるはずのお金とは？

●国の年金

●勇退のときにもらえる役員退職金

●会社に貸し付けている役員借入金

◯心穏やかな余生を過ごすための対策は？

●事業承継

●相続対策

◯まずはスモールステップから

●個人資産を把握する

●事業計画と一緒に
自分の「人生プラン」も考えてみる

●勇退に向けたゴールを設定する

第2章

社長はもっと「自分の人生」を欲張ってもいい

「まずは社長がしあわせになる」

シャンパンタワーの法則

本書のテーマである「社長の資産を増やす」の根底には、「ご自身やご家族をしあわせにしよう」という想いがあります。

普段お付き合いのある経営者の方々は、お客様のため、従業員のため、世の中のため、といった考えで経営を行っていることがほとんどです。

もちろん、それは非常に素晴らしいことです。

ただ、あなたはご自身のこともしあわせにしていますか？

ご自身を犠牲にするのではなく、お客様や従業員をしあわせにしつつ、社長ご自身もしあわせであってほしいのです。

社長を退任する際も、退任したあとも、しあわせであってほしい。

これが、常日頃から考えているわたしの想いです。

そもそもほとんどの社長は、世の中の人の困り事を解決して会社を大きくしつつ、ご自身もしっかりお金を儲けようと考えて起業しているはずです。

にもかかわらず、社長自身が最後に困るようでは本末転倒ではありませんか？

会社を経営した結果、「借金だけが残ってしまった。退職金はもらえず、余生も苦労をかけてごめんね…」などという結末を迎えてはいけないのです。

残念な結末を迎えないためにも、たとえば15年後に退職するつもりならば、15年後をゴールに設定し、いま何をしなければならないのかを考えたうえで、早々に手を打っていくべきです。

そして、ゴールに向けた「ぶれない動き」をしていく必要があります。

ゴールがなかったり、軸がぶれてしまったりすれば、経営がうまくいかないのは当然のことなのです。

「シャンパンタワーの法則」をご存じですか？

これは、わたしが師と仰いでいる先生から教えていただいたものです。

高く積まれたシャンパングラスの最上段があなた、下のグラスが他人だとします。

最上段のグラスからシャンパンを注いだとき、まずはあなたのグラスが満たされなければ、他人のグラスにシャンパンが注がれることはありません。

つまり、**他人を満たすには、まずご自身を満たさなければならない**。

これが、シャンパンタワーの法則の教えです。

会社経営の大きな目的は、他人の困り事を解決することですが、社長本人が困っていては他人をしあわせにすることなどできないのです。

まずは、ご自身を満たすことも大切にしながら、経営に取り組んでいきましょう。

シャンパンタワーの法則

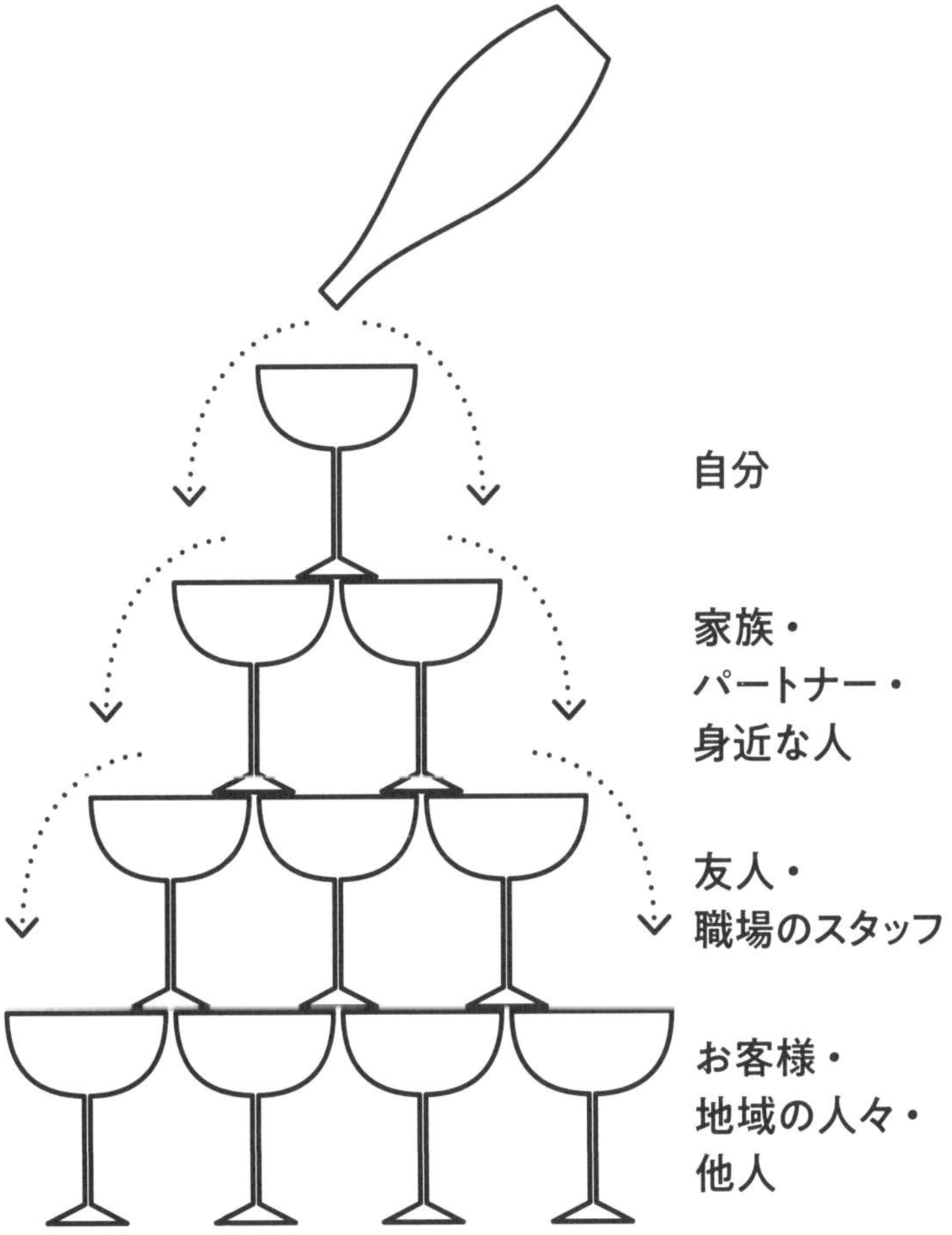

「社長が退職金をもらうことを当たり前にしていこう」

会社員には当たり前の退職金が社長にはない？

会社に勤めている人たちのほとんどは、退職金は普通にもらえるものと考えているように感じます。

もっとも、退職金の有無や額を考えて就職先を決める人はそういないでしょう。ただ、定年が近くなってくると、退職金の額は気になるかもしれませんね。

よほど会社の業績が悪くない限り、定年が近くなるにつれて、「退職金は、いくらもらえるのかな…」と考えるものです。

ほかに退職金の額を考える機会は、マイホームを購入するタイミングで将来の繰り上げ返済のシミュレーションを行うときでしょうか。

老後の生活を考えて、「年金暮らしになる前に、住宅ローンを全額返済しよう」と退職金をあてにする人は多いはずです。

時期の早い・遅いはあるにしても、会社勤めをしている人のほとんどは退職金の額などに関心を持っているのではないでしょうか。

日本と欧米の社長の退職金の考え方にも違いがある

一方で多くの社長は「退職金を多くもらおう」といった意識をそもそも持っていないように感じます。

総じて日本人は、欧米人と比べてガツガツ感をあまり持っていないと言われがちです。

アメリカやヨーロッパの経営者は「自分がこれだけ儲けて、会社を大きくしたのだから、報酬を多くもらって当然だ」と考える傾向があり、多額の退職金を要求することが多く見られます。

ところが日本の社長は、「もらえるものなら、もらいたい…かな」といったスタンスの方が多いのです。

リスクを冒して創業し、30～40年といった人生の大半を会社にささげ、社員の生活を守り、世の中に貢献してきた社長なら、相応の報酬をもらって然るべきです。**お金をもらうことに対する心理的なブロックを外し、ご自身の働きに報いるだけの報酬を「退職金」という形で受け取るべき**だとわたしは常々感じています。

「そう言われたら、退職金はできるだけ多くもらいたいかな」となるのではなく、さらに一歩進んで、「もっと退職金をもらいたい」と社長から言ってもいいのではないでしょうか。

「もらわなくてもいい」でも「もらえるならもらいたい」でもなく、「これだけがんばったのだから、これくらいはほしい」と考えていいのです。

「相応の退職金をもらえる財務状況を逆算でつくり上げよう」

多額の退職金をもらうに相応しい経営を

もちろん、役員退職金をもらったことで、会社の屋台骨が揺らいではいけません。

たとえば、ある社長の役員報酬が毎月100万円で、30年間社長として会社の経営を行った結果、役員退職金規程に則って功績倍率を加味し、退職金1億円という計算になったとします。

この場合、社長によっては「いや、うちの会社にはそんな額を支払う余裕はない」と思ってしまうかもしれません。

そうではなく、それだけの退職金をもらえるように、逆算して経営を行ってはいかがでしょうか？

社長の資産を増やすための大きなポイントのひとつに、退職金があります。

とくに**中小企業であれば、会社の財務状態を考えて、社長が退職金を多くもらうことをためらう気持ちになる**のはわかります。

むしろ、最後に退職金をたくさんもらえるよう、がんばりませんか？

きっと、「たしかに、社長はそれだけの退職金をもらっていいはずだ」と納得する人も多いでしょう。

「適切な退職金をもらう」と決めれば経営の張り合いになる

社長を勇退する際に受け取る役員退職金は、社長が物心ともに豊かな老後の生活を送るために不可欠なものです。

ただ、どうしても「会社の財務状態への不安」が先に立ってしまうことが多く見られます。実際にわたしがお付き合いのある社長の方々と退職金の話をすると、「いや、もらえるものならもらいたいよ」と答える方が多いのです。

このような返事をもらったとき、わたしは「では、もらいましょうよ」とお伝えします。そして、たとえばあと何年ほど社長を続け、勇退時に退職金をいくらもらいたいかを話し合います。もちろん、50億円、100億円といった荒唐無稽な話をするのではなく、常識的な範囲内で話をするのです。

たとえば退職金として1億5000万円ほしいのだとすれば、その額をもらえるように逆算で考え、財務状態をもっとよくしたり、積立商品を使ったりといった形で段取りを組んでいきます。

社長の退職金は、勇退時にもらえる分だけもらうのではなく、もらうべくしてもらうものです。段取りを組んでスケジューリングを行えば、社長の心にわくわく感が生まれ、経営にいい影響を与えることでしょう。

社長の退職金は年数をかけて準備していくもの

従業員の退職金規程をつくることと役員の退職金規程をつくることは、法律的には絶対的な義務ではありませんが、ぜひご自身のためにも一度専門家に相談して検討いただきたいところです。さらに、それぞれの退職金を確実に支払えるように会社の利益を確保するのも、社長として行っていただきたいことです。

社長は、「退職金の支払い」というひとつのゴールのために何を行うのか考えなければいけませんが、そもそもそのようなゴール設定をしている社長は決して多くありません。

あなたの会社は、ゴール設定がないことで行き当たりばったりの経営になっていませんか？　また、「退職するときには、何が何でも1億５０００万円をもらう！」というゴールを設定しても、１億５０００万円の退職金をもらったせいで会社の屋台骨が傾いてしまうようでは、困りますよね。

社長の老後を支えるのに十分な額の退職金は、財務が美しくなり、企業価値が上がっていくことで出てくるのです。

もっとも、そこまでの準備は2～3年でできるものではなく、時間をかけて行う必要があります。たとえば、70歳で役員退職金を受け取ろうと考えるなら、50歳くらいの頃から15~20年かけて対策を始めなければいけません。

1年もしくは3年ほどの経営計画を立てたり、積立金を経費化できる金融商品を使ったりしながら、長い年月のなかで退職金に充当できるお金をしっかりと確保する必要があるのです。

軸をぶらさず経営を行おう

多くの経営者の方々に接していると、経営に対するスタンスもさまざまだな、と感じます。なかには、「行き当たりばったり」のように感じられる方も…。

もちろん、行き当たりばったりで利益をあげられることもありますが、それでは利益があがらないとき、なすすべもなく、途方に暮れてしまうのではないでしょうか。

そうならないために大切なのは、「大筋がぶれないこと」です。

最終ゴールを見据えて、「軸」を持って着々と会社を伸ばす経営を行っていれば、一時的な不調があっても元に戻せるはずです。

わたし自身も経験したのでよくわかりますが、軸がぶれると目先の仕事に追われてしまい、考え方に一貫性がなくなって、会社の利益もぶれてしまいます。たとえば、本当は必要のないお金を銀行から借りたり、リスクの割にリターンが少ない投資を行ったりと、無駄なことをしてしまうのです。

軸を見失って経営判断を誤っていては、会社にお金は貯まりません。

長年の経営に報いるための相応の退職金も、社長にとっての最終ゴールのひとつです。1億5000万円なら1億5000万円を、しっかりと用意できるよう経営を行っていく必要があります。

このような最終ゴールを設定すれば、モチベーションにつながるでしょう。定例の役員報酬を安定的にもらえていたうえ、長年がんばった「自分へのご褒美」として退職金が入ってくれれば、社長本人はもちろん、社長を支えてきたご家族も含めて「会社を経営してきて、本当によかった!」と感じられるはずです。

社長自身もしあわせにならなくてはいけません。

お金も、「しあわせのひとつの大きな要素」なのです。

退職金は、逆算してつくる

例）退職金1億5000万円
受け取ると決める

↓

1億5000万円の退職金をもらうには…？

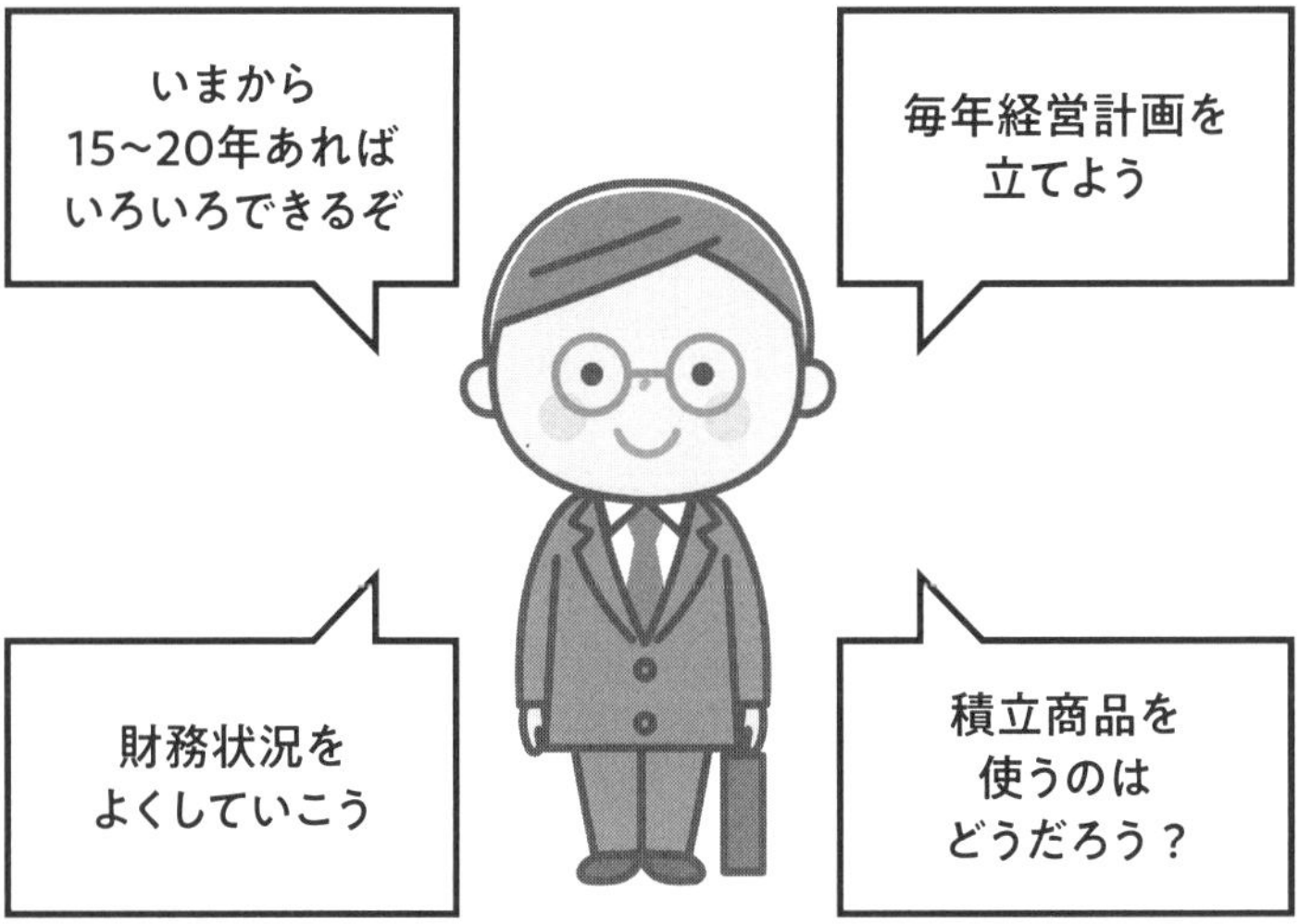

最終ゴールを設定することで対策できる

「年金」をもっと重視しよう

高額の年金保険料を支払ったのに、もらえないのでは寂しい

世の中の社長は、半数以上が60歳以上であり、年金を受給し始める世代です。そして、中小企業の経営者の引退年齢は70歳を超えているとも言われます。後継者がいないなどの理由で、事業承継が進まず、高齢になった社長が引退できない現状があるのです。

国の制度では、年齢にもよりますが、何かしらの年金に加入しなければならなくなっており、会社に勤めている人は、基本的に厚生年金の被保険者となります。

厚生年金は、収入が高いほど納める保険料が高くなり、社長ともなればサラリーマンよりも多額の年金保険料を納めることになっています。

ところが、**いざ65歳になって年金を受け取ろうと思ったときに、社長は年金がもらえないことがある**と聞いたことはありますか？

経営者の厚生年金保険料は年間約72万円（月額約６万円）と言われているため、30年間納めれば、保険料の累計は約２１６０万円となります。

厚生年金保険料は本人と会社が折半で納めるので、負担の合計は約４３００万円にもなるのです。

この計算でいけば、本来は65歳を境に年間１２０万円から１５０万円の老齢厚生年金を受け取る権利があるのですが、その年齢になっても経営者を続け、高額の役員報酬を受け取っていると、全額支給停止となってしまうこともあるのです。

高額の保険料を長年納めたにもかかわらず、社長を引退するまで年金を受け取れないとなれば、なんとも言えない気持ちになりますよね。

豊かな老後のためにも、公的年金をないがしろにしないこと

もちろん、公的年金制度は老後の備えだけではなく、遺族年金や障害年金など、万が一に備えた「保障」の意味もあるので、損得という表現は馴染まないのかもしれません。

でも、シンプルに支払った保険料と受け取れる老齢年金を比較してみると、高額所得者である経営者がもっとも損をしていることは明らかです。

「少子高齢化の折、自分が年金を諦めれば少しは財政にいい影響がある」と考えるのは立派な話ですが、せっかくなら年金を受け取れない制度のメカニズムを知りたいとは思いませんか?

避けてほしいのは、「知っていれば受け取れた年金を、知らなかったばかりに受け取れなかった」という事態です。

受け取れる国の年金を受け取るのは、あなたのためだけではありません。長年あなたを支えてきたご家族のためでもあるのです。

「こうすれば、ここまでは受け取れる」と知ったうえで、できることを行っても、長年経営者として激務をこなしつつ、高額の保険料を納めてきたのですから、きっと罰は当たらないでしょう。

社長の資産を増やし、豊かな老後を過ごすためにも、公的年金をないがしろにしてはいけません。

次章から、社長が豊かな人生を送るために取りっぱぐれない知識や方法を解説していきます。

2章ポイント

◯社長も自身のしあわせを考えてもいい

●自分が満たされていなければ、
他人を満たすことはできない

●自分の残された人生のしあわせを考えてみよう

◯退職金を受け取る準備はできているか？

●自身の働きに報いるだけの「退職金」を
もらえるように逆算で経営を行う

●ある程度の年数をかけて退職金の準備を行う

◯社長も年金はもらえる?

●知識があれば受け取れる年金がある

●家族のためにも国の年金は受け取れるだけ受
け取る

第3章

社長こそ
自分の人生を
デザインしよう

社長自身の人生を考えるのは、重要なテーマ

「経営者の人生」に関する情報は、ほとんどない

社長にとって最後にして最大の悩みは、自身がつくり上げてきた、あるいは先代から引き継いだ事業をどう引き継ぐのか、ということではないでしょうか。

事業承継するのであれば、誰かに会社を引き継いでもらう、M&Aで売却してしまう、といった選択肢になるでしょう。

もし継承者が見つからず、事業の売却も不調に終わった場合は、会社自体を手仕舞いすることも考えられます。

このように事業承継を考える一方で、社長がご自身の人生をどのように送っていくのかを考えるのも、重要なテーマですよね。

社長の勇退について、事業承継に関する情報はネット上にたくさんありますし、書籍も豊富に出版されています。

ところが、「経営者の人生」を考えるための情報を、ほとんど見ることがありません。社長という「公人」の立場であっても、それぞれの人生があります。

事業の先行きを考え、利益をあげて、従業員の人生を預かる重責を担う経営者の人生を、ないがしろにしていいはずがありません。

ただ、「そう言われても、どこから考えていいのかさっぱりわからない…」という方は少なくないでしょう。

そこでおすすめしたいのが、次の手順で考えていくことです。

自分自身の人生を考える

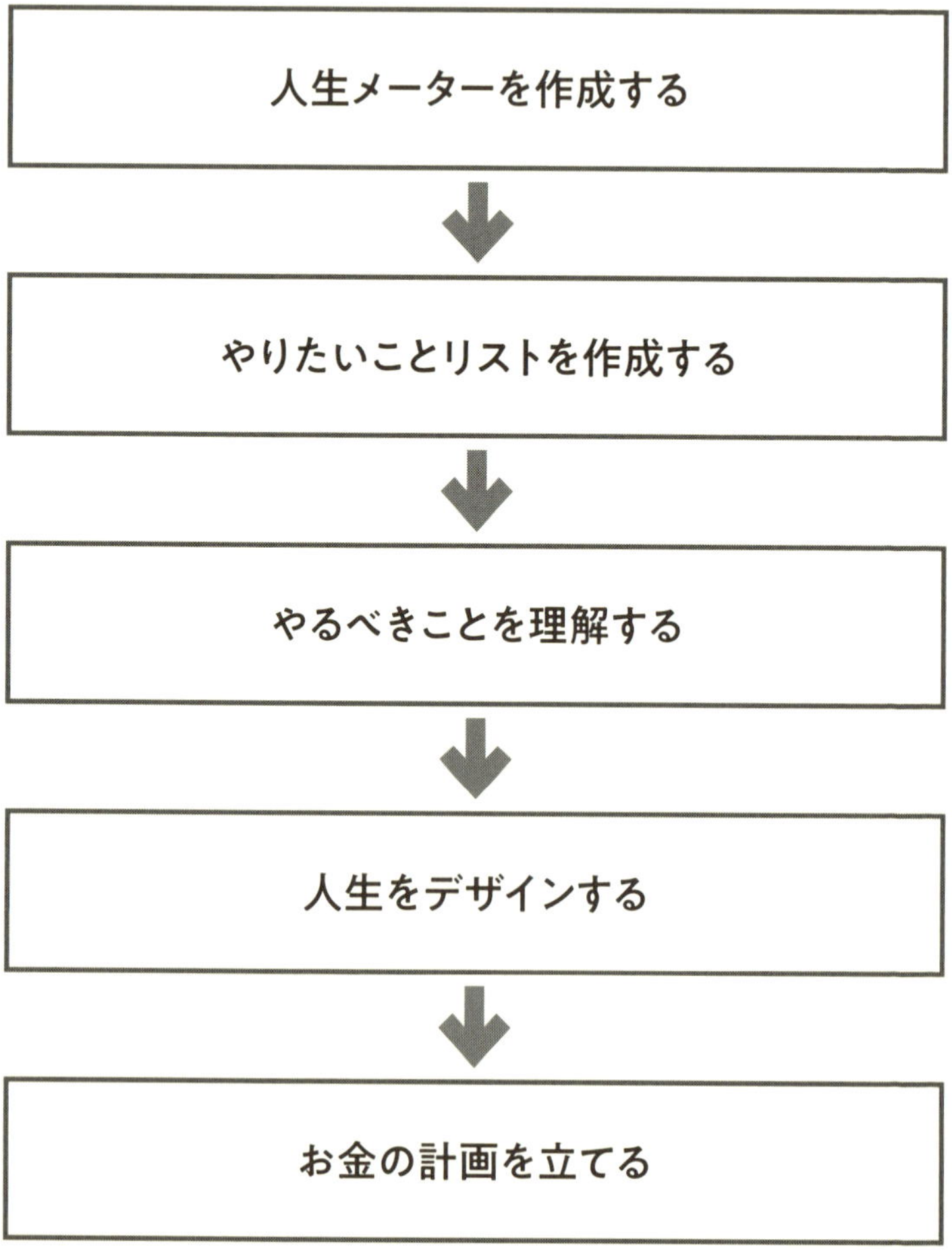

「人生メーター」を描いてみよう

人生は、意外と残り少ない

本書でご紹介する**「人生メーター」とは、あなたの人生の残り時間を把握するためのツール**です。

まず、紙とペンを用意しましょう。

もしくは、本書に記載の人生メーターに書き込んでいただいても結構です。

93ページ図のようなスケールを用意し、これまで過ごしてきた人生の時間を塗りつぶします。そして、あなたが将来いつ亡くなるのか、時期を決めます。

もっとも、人がいつ亡くなるかなど、誰にもわかりません。目安は、

①日本人の平均寿命
②任意の年齢
　といったものでいいのではないでしょうか。

①の平均寿命で考えれば、WHO（世界保健機関）が発表した世界保健統計2023年版によると、日本人の平均寿命は男女合算で約84歳です。
もしくは②を選んで、たとえば「わたしは90歳まで生きる」とするのであれば、90歳を亡くなる年齢としましょう。


亡くなる年齢を決めたら、亡くなった以降の部分を塗りつぶします。

このようにすることで、残りの時間がどれほどあるか、把握できるのです。

たとえば、現在60歳の経営者が平均寿命で亡くなるとすれば、残りは24年ということになります。このようにビジュアルで見てみると、「意外に少ないな…」と思う人もいるはずです。

人生の残り時間を知ることが、人生を真剣に考えるための第一歩

さらに、あまりうれしくない情報をお知らせします。

亡くなるまで元気で、ある日突然亡くなる「ピンピンコロリ」であればまだいいのですが、そのような形で亡くなる方ばかりではありません。

「健康寿命」という言葉を聞いたことがある人は、きっと多いでしょう。**健康寿命はWHOが2000年に提唱した新しい指標であり、「健康上の問題で日常生活が制限されることなく生活できる期間」と定義されています。**

つまり、「自立して健康に過ごせる期間」の平均であり、病気などで介護や支援を必要としている期間は健康寿命に加算されません。

WHOによれば、日本人の健康寿命は約74歳であり、世界第1位ではありますが、注目してほしいのは平均寿命と健康寿命の差です。

前者が84歳、後者が74歳なので、おおよそ10年ほどの不健康期間があることになり

ます。何らかの病気にかかったりして、10年ほど健康面で何かしらの問題を抱えながら生活を送ることになるということです。ですから、本当に気力と体力が充実して好きなことができる期間は75歳前後までと考えられます。

平均寿命にせよ任意の年齢（90歳など）にせよ、はたまた健康寿命にせよ、それが何歳までなのか期限を決めれば、残りの期間はそれほど長くないことがわかるでしょう。

さらに、もし60歳の社長が健康寿命に近い75歳を期限として設定した場合、残りの15年間で行わなければならないことがたくさんあることに気づくはずです。

非常にシンプルな作業ですが、人生の残りの年数を把握することで、その間に何をしなければならないのかが明確になるのではないでしょうか。

まずは、人生の残り時間を知ることが、ご自身の人生を真剣に考える第一歩なのです。この時間のなかで、経営者としてすべきこと、ひとりの人間としてすべきことは何なのか、しっかり考えることが大切です。

人生メーターを作成する

100歳までのスケールを書きましょう

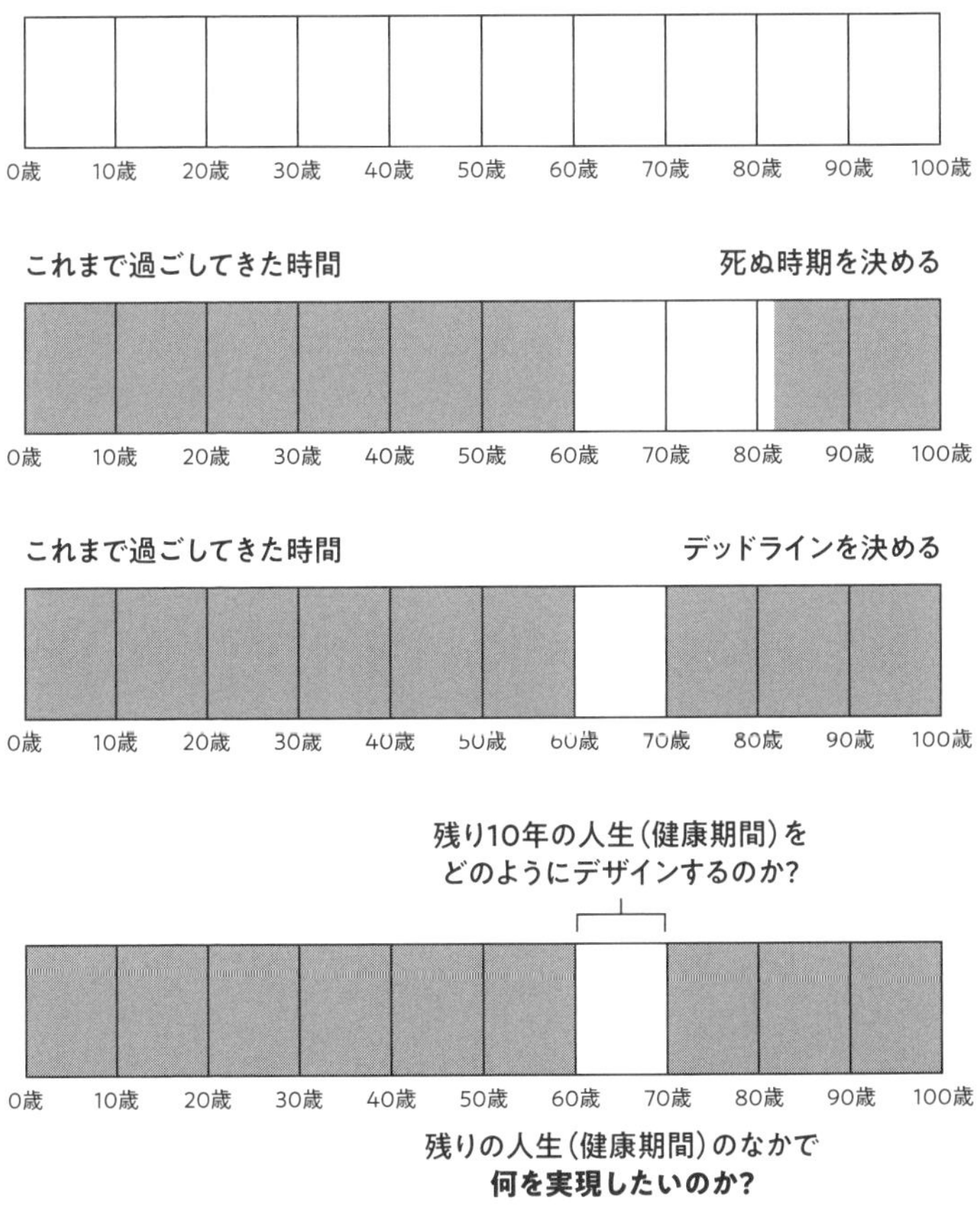

3世代の人生メーターをつくってみよう

3世代を見ることで、ご自身の人生が見えやすくなる

人生を考えるうえでおすすめしたいのが、人生メーターを3世代、たとえばあなたとあなたの親御様、お子様で作成することです。

3世代の人生メーターを並べてみると、どのタイミングで・どんなことが発生しそうかが一目瞭然になるため、ご家族も含めたご自身の人生が見えやすくなるのです。

具体的には、たとえば50歳の人であれば、自分の人生メーターをつくり、50歳以前と亡くなる予定の年齢以降を塗りつぶします。そして、パートナーの人生メーターも、

同様に作成します。

次に、親御様の人生メーターを上に、お子様全員の人生メーターを下に作成し、縦軸をそれぞれの現在の年齢で合わせます（97ページの図参照）。

3世代の人生メーターで、子・親・夫としての生き方を考えられる

この3世代人生メーターからは、さまざまなものが見えてきます。
たとえば自分が60歳になるまでの10年間を考えたとき、
・親はこの10年間で亡くなるか、介護状態になるかもしれない
・この10年間は、子どもたちの学費がもっともかかる時期だ。卒業したあと、うちの会社で働いてもらうか、ほかで働いてもらうか…。そもそも、本人の希望や適性を把握しなければならない
・子どもが結婚して、孫が生まれる時期も遠くないかもしれない
・妻に負担をかけてきたから、子どもたちの手が離れたら、一緒に旅行へ行こうか

といったように、3世代を並べることで、自分を取り巻く環境の変化やイベントが見えてくるのです。

親御様がこの10年以内に亡くなるかもしれないと考えるのなら、葬儀費用の考慮が必要ですし、介護への備えが必要かもしれません。

このように、パートナーや親・子も含めた年齢を把握すると、自分も含めた家族・親族全体のライフイベントが見えてきます。

どんな人生を送るか考える際、客観的な目線も不可欠です。

この3世代人生メーターをつくることで、当たり前のことなのに普段まったく意識していない「年齢と、それにともなうライフイベント」が明確になります。

ご自身の人生プランニングを行ううえでのヒントになり得るため、ぜひ人生メーターは3世代でつくることをおすすめします。なぜなら、人の子として、もしくは親として、夫（もしくは妻）としてしたいこと、すべきことを考えられるからです。

3世代の人生メーターをつくる

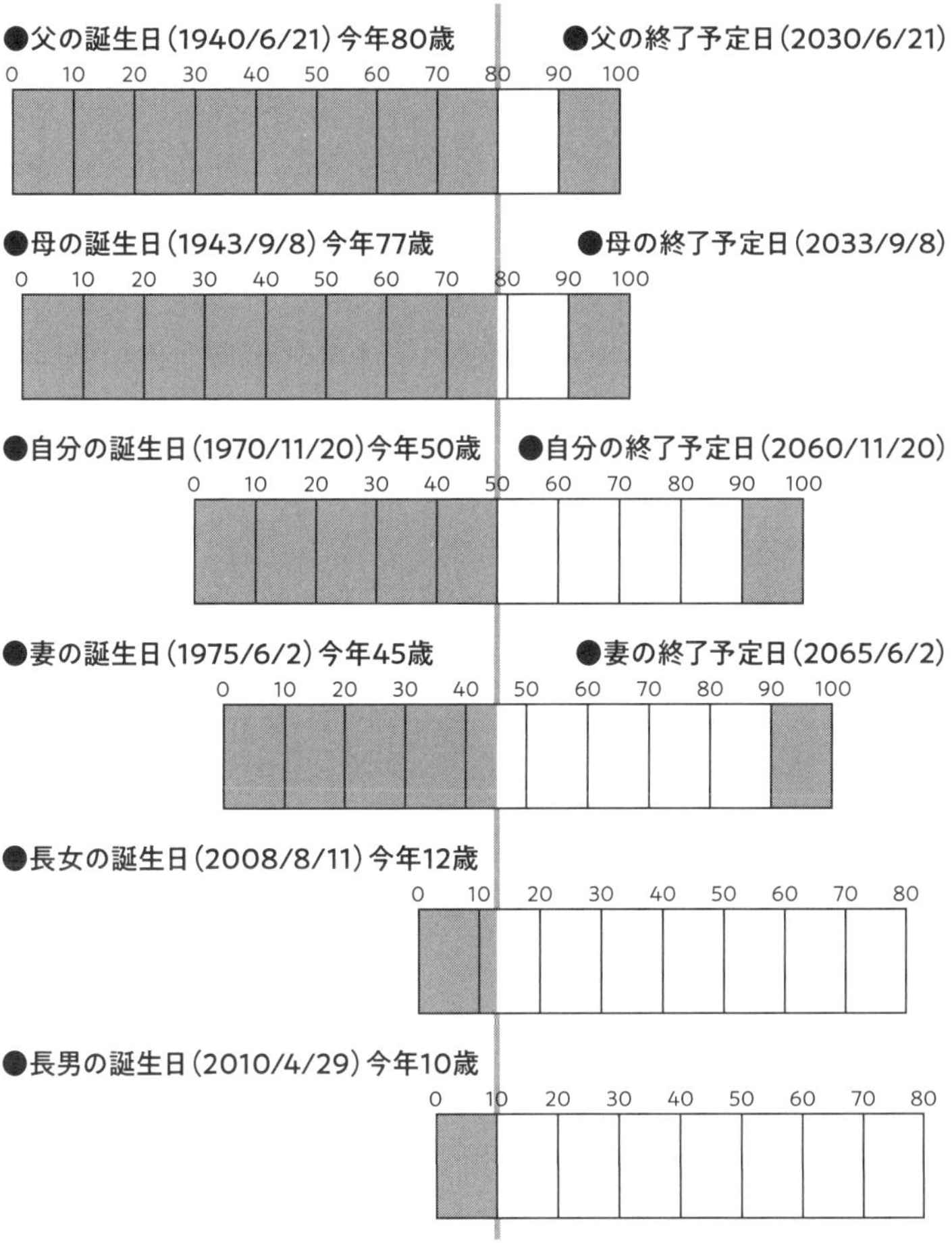

残り少ない期間をどうデザインするかが大切

人生メーターをつくり、健康寿命、もしくはご自身で設定した年齢までの年数を見ると、これまで過ごしてきた年数に比べて残された年数が少ないことに気づくはずです。たとえばあなたが現在65歳であれば、健康寿命の平均値である74歳まで、残り10年もありません。人生は思ったよりも短いのです。

この**残りの期間をどのようにデザインするかが、とても大切**です。

定年後の開業を考えている士業仲間と人生メーターを元に話をすると、「定年後では、残りの時間は短い。だから、もっと早く動き出さなければいけない」と気づくこともあります。

60歳の定年を迎えてから開業しても、活動できるのは10年ほどかもしれません。「もっと早い時期に動き出せばよかった…」と後悔しないためにも、人生メーターは有効なのです。

後悔しないためのヒント

人が死ぬときに後悔する10のこと

十数年前にベストセラーとなった『死ぬときに後悔すること25』（新潮文庫）という書籍があります。終末期医療に携わり、1000人以上の死を見届けてきた緩和医療医師、大津秀一先生の著書であり、患者さんが吐露した「やり残したこと」を25に集約しています。

人は、余命宣告を受けるなど、自分の人生が残り少ないと考えたときに、「やり残したことがある…」

と後悔するようです。

詳細は割愛しますが、さまざまな書籍やWEB記事などを見ると、かなり共通項が見られるのです。

主なものは、次の通りです。

・自分が本当にしたいことができなかった
・夢を叶えられなかった
・他人に優しくしなかった
・おいしいものを食べなかった
・健康を大切にしなかった
・大切な人たちに正直な気持ちを伝えなかった
・行きたい場所へ旅行しなかった
・仕事ばかりで趣味に時間を割かなかった
・遺産をどうするか決めなかった
・自分の葬儀を考えなかった

とくに経営者の場合、仕事に一生懸命な人が多いため、「働きすぎなければよかった」「本当にしたいことをしなかった」といった後悔が多いようです。

また、「おいしいものを食べる」「旅行に行く」といったことは、健康かつ体力があるうちでなければできません。

また、遺産の整理は、生きているうちでなければできないのはもちろん、頭がクリアでなければできないことです。

後悔しないためにも、命の期限が切られていると仮定して、「やりたいこと」を考えてみませんか？

あなたは、何によって憶えられたいですか？

「経営の神様」とも呼ばれるピーター・F・ドラッカー氏の著書『ドラッカー名著集4　非営利組織の経営』（ダイヤモンド社）に、次の一節があります。

「私が十三歳のとき、宗教の先生が、何によって憶えられたいかねと聞いた。誰も答えられなかった。すると、今答えられると思って聞いたわけではない。でも五〇になっても答えられなければ、人生を無駄に過ごしたことになるよといった」

ここで大切なのは、「あなたは、何によって憶えられたいですか？」という問いではないでしょうか。

これは、「どんな人生だったと伝えたいですか？」「墓石に何と刻まれたいですか？」ということを意味します。

自分が生きた証、人生の目的・ゴールを考えることが大切であり、これらのことが、あなたがほしいもの、行きたいところ、したいこと、なりたいものなどにつながっていくはずです。

子どもに死んでから与えるのでは遅い

最近ベストセラーになった、アメリカのコンサルティング・サービス会社ＣＥＯであるビル・パーキンス氏の著書『DIE WITH ZERO　人生が豊かになりすぎる究極のルール』（ダイヤモンド社）もご紹介します。

この書籍では、「人生で一番大切な仕事は『思い出づくり』」としています。たしかに、人生を終えるときに考えるのは、いくら・どんな財産を残したのかよりも、誰と・どんな過ごし方をしたのか、ということかもしれません。

さらに、「子どもに死んでから与えるのでは遅い」とも書かれています。

もちろん、人はいつ亡くなるかわかりません。今日かもしれませんし、30年後かもしれません。お金を完全に使いきって亡くなることは、不可能と言っていいでしょう。

この書籍に書かれているのは、子どもたちには生前に資産を与え、自分は一番大切な思い出をつくることで、人生の質を最大に高めましょう、ということです。

あくまでもこの著者の考え方ではありますが、非常に共感できる部分も多いのではないでしょうか。

将来が心配でお金を使わない、もしくはいまを生きるのに精一杯で考える余裕がない、という状況も理解できます。ただ、思い出づくりをしないままに人生を終えるのは、非常にもったいないことと思いませんか？

「やりたいことリスト」を作成しよう

「やりたいこと」を最低でも40個書き出す

ここで、おすすめしたいワークをご紹介します。
１０５ページの図（やりたいこと40リスト）で、
・ほしいモノ
・行きたいところ
・やりたいこと
・なりたい自分
の４項目にそれぞれ10個ずつ、合計40個の「やりたいこと」を書いていくのです。

やりたいこと40リスト

1 ほしいモノ	2 行きたいところ
・ ・ ・ ・ ・ ・ ・ ・ ・ ・	・ ・ ・ ・ ・ ・ ・ ・ ・ ・
3 やりたいこと	**4 なりたい自分**
・ ・ ・ ・ ・ ・ ・ ・ ・ ・	・ ・ ・ ・ ・ ・ ・ ・ ・ ・

もちろん、40個を超えても構いません。ただ、**ほしいもの・行きたいところ・やりたいこと・なりたい自分をそれぞれ10個ずつピックアップして、最低でも40個書き出してみましょう**。

実際に書き出そうとすると、たとえば「あまりほしいモノが思い浮かばなかった…」「やりたいことがたくさん出てきたけれど、間に合うのかな…」など、さまざまな気づきがあるはずです。

最高の人生を生きると決める

名優ジャック・ニコルソンとモーガン・フリーマンが共演した、『最高の人生の見つけ方』という映画をご存じですか?

モーガン・フリーマン演じる勤勉実直な自動車整備工カーターと、ジャック・ニコルソンが演じる大金持ちの豪腕実業家エドワードという出会うはずのない2人が、人生の最後に病院の一室で出会ったところから、物語は始まります。

カーターは、家族のために自分の夢を犠牲にして働いてきました。そしてエドワードはと言うと、お金は腐るほどあるものの、見舞い客は秘書だけ…。

彼らはともにがんを患っていて、お互い余命6カ月と「人生の期限」を言い渡されました。

そんな2人を結びつけたのは、棺おけに入る前にやっておきたいことを書き出した「バケット・リスト」という1枚のリストだったのです。

カーターが

・荘厳な景色を見る
・赤の他人に親切にする
・涙が出るほど笑う

などと書かれたリストを見せたところ、エドワードは

・スカイダイビングをする
・ライオン狩りに行く
・世界一の美女にキスをする

といったことを付け加えたことで、2人の生涯最後の冒険旅行が始まる…というあ

らすじです。

2人の冒険旅行の目的は、棺おけに後悔を持ち込まないために、最高の人生だったと心の底から微笑むために、残された6カ月という時間で「やり残したこと」を叶えることです。

社長は、なかなかゆっくりと映画を観る時間をとれないかもしれません。でも、このような名作の誉高い映画を観て人生を考えることで、「やりたいことリスト」作成の大きな参考となるかもしれませんよ。

ほしいものや行きたいところなどをイメージしながらピックアップし、優先順位をつけて、どんどん取り組んでいきましょう。

大事なのは、あなたがどうしたいのかを決めること

専門家に丸投げしない

『DIE WITH ZERO　人生が豊かになりすぎる究極のルール』（ダイヤモンド社）をご紹介したなかでお伝えした、「子どもに死んでから与えるのでは遅い」という考え方は、まさに事業承継や相続につながる話です。

亡くなる前に資産移転などのすべてのことを終えなければならないわけではありませんが、事業承継では誰に会社を引き継ぐか、相続であれば誰に・いくら残すのかを決める必要があるでしょう。

なぜなら、決めないためにトラブルがたくさん起きているからです。

たとえば相続であれば、子どもたちは親の財産をあてにしていることが多く、親が亡くなったあとで相続人たちが揉めることも少なくありません。

ですから、場合によっては生前贈与も含めて、一人ひとりにどれだけ残すのかを確定し、自身が亡くなったあとで揉めないようにしておくことが、残すほうの義務なのではないでしょうか。

結局は事前のプランニングが重要なのですが、困るパターンがあります。

それは、ご自身で考えずに専門家である士業へ丸投げすることです。

本来はご自身のことなので、どうしたいのかが明確であるべきですが、ご自身で考えずに丸投げで相談してしまうために、うまくいかなくなってしまうのです。

のちほどお話しする役員退職金も同様なのですが、ご自身で決めるべきこと、専門家にお願いすることの区別がついていない人もいます。

つまり、「退職金は、これだけほしい」といったことをご自身で決められず、そこから専門家に相談してしまうと、話が前に進みません。相談された側も、ご本人がどうしたいのかわからなければ、当たり障りのないアドバイスしかできなくなるのです。

退職金は、社長を勇退したあとでどんな人生を送りたいかによって変わってきます。

ですから、すべては「あなたがどうしたいか」が起点となるのです。

あなたが決めない限り、話は進みませんし、専門家にも相談できません。

自分がどうしたいか決めることが、もっとも重要なところなのです。

自分の人生をデザインする

「人生プランニング」がおすすめ

社長が「勇退」を意識し始めるのは、どんなことがきっかけになると思いますか？　**勇退を意識するイベントとして最初に訪れるのが、65歳の「年金受給開始年齢」**ではないでしょうか。

年金の受給時期は、年齢によって確実にやってくるものです。

そして勇退を意識すると、次は退職金の話がやってきます。

じつは、勇退や役員退職金は、年金の話とリンクしています。なぜなら、年金を何歳から受け取るかを決めることは、勇退を意識することとほぼ同じだからです。

勇退を意識すると、次は事業承継の話になります。そして最後は、ご自身の財産を誰に・どんなふうに分けるのかを考える「相続」につながるのです。


これらのベースとなるのが、本章でお伝えしてきた「人生デザイン」です。

自らの人生は自らデザインするものです。早々にやるべきことを決めて、課題を一つひとつクリアしながら、あなたにとって最高の人生を楽しみましょう。

3世代の人生メーターの発展形としておすすめしたいのが、「人生プランニング」という分析手法です。


人生プランニングの第一段階は、「ライフイベント表」を作成して、ご自身が何歳のときにどんなイベントが起きるのか、何歳で何をしたいのかを決めていくことです。

おすすめは、たとえば90歳を人生ゴールと仮定して、逆算で考えていくことです。サンプルとして、114ページの図をご参照ください。

ライフイベント表の作成

年数	0	1	2	3	4	5	6	7	8	9	10	11	12	13	14	15	16	17	18	19	20
西暦	2017	2018	2019	2020	2021	2022	2023	2024	2025	2026	2027	2028	2029	2030	2031	2032	2033	2034	2035	2036	2037
自分の年齢	65	66	67	68	69	70	71	72	73	74	75	76	77	78	79	80	81	82	83	84	85
パートナーの年齢	62	63	64	65	66	67	68	69	70	71	72	73	74	75	76	77	78	79	80	81	82
子どもの年齢	30	31	32	33	34	35	36	37	38	39	40	41	42	43	44	45	46	47	48	49	50
子どもの年齢	28	29	30	31	32	33	34	35	36	37	38	39	40	41	76	42	43	45	46	47	48
家族のイベント																					
やりたいこと																					
予算																					
目標	5年後までに実現したいこと						10年後までに実現したいこと					15年後までに実現したいこと					20年後までに実現したいこと				

ゴールから逆算して考える

［お金の計画を立てる］

手元資金を枯渇させず、残したいお金を確保しよう

ライフイベント表ができたら「ファイナンシャルプランニング」ということで、公的年金や退職金などの収入と、生活費や各種イベントでかかる出費を入れ込んで、毎月の収支と将来にわたる手元資金の推移をシミュレーションします。

詳細にシミュレーションを行うとなれば、現在の手元資金がいくらで、今後の収入と支出がいくらで、収支を反映することで手元資金がいくらになっていくか、毎月チェックするべきです。

ただ、ここまで行うには、ファイナンシャルプランナーなどに相談し、専用のソフトを使う必要があります。なぜなら、税金（所得税・地方税・固定資産税）や社会保険料、医療費などは、専門家でなければわからないこともあるからです。

もっとも大切なのは、手元資金が枯渇しないことはもちろん、家族に残したいお金を確保することです。

現役の間は高い役員報酬を得られるので不安はないのかもしれませんが、**社長を退任したあとは基本的に公的年金だけが収入となるため、現役時代と同じ生活をすれば、毎月の収支が赤字になる可能性が高い**でしょう。

そうすると、いかに多くの退職金をもらっておくのかが大切になるのではないでしょうか。もしくは、何らかの仕事をすることでプラスアルファの収入を得る必要があります。現役の間に貯蓄をしておくことも、重要なことがわかるでしょう。

ファイナンシャルプランニングで漏れがちな費用

ファイナンシャルプランニングのシミュレーションで漏れがちなものに、病気や介護になったときの臨時費用があります。

ほかには、住宅のリフォーム、車の買い替えなども、忘れがちな費用と言えます。

社長退任後の生活を詳しくイメージするほど、シミュレーションの精度は上がるでしょう。もちろん、これはあくまでもシミュレーションなので、イメージ通りにはいかないものと考えておきましょう。

暮らし向きが変わったら、再びシミュレーションを行うことをおすすめします。

ファイナンシャルプランニングを行っておくメリットは、「どこまでの生活を送れるのかイメージできる分、手元資金が枯渇する不安から逃れられること」です。

社長を勇退することに尻込みする理由のひとつに、収入の減少があるのではないでしょうか。どれほどの退職金を受け取り、どんな生活を送れば充実した日々を送れるのかがわかれば、大きな一歩を踏み出せるかもしれませんね。

3章ポイント

○自分の人生を考えるには？
●残された時間を視覚化する
●人生メーターを作成してみる

○残された人生を後悔しないためには？
●やりたいことリストを作成してみる

○自分の人生をプランニングするには？
●ライフイベント表を作成してみる
●お金の計画を立てる

○専門家に丸投げしない
●自分の人生のことは自分で考えて決める

第4章
社長の年金をしっかり受け取ろう

「社長の公的年金は特別」

まずは、老齢年金の基本的な仕組みを知ろう

現在の法制度では、国の年金（公的年金）は65歳から受け取る権利が発生します。会社員、もしくは会社役員として厚生年金に加入し、年金保険料を支払っていれば、国の年金（基礎年金＋厚生年金）を受け取る権利があるのですが、社長の公的年金は特別であり、注意を要することが多いのです。

たとえば、社長の給料（役員報酬）はサラリーマンと比べて高く、年金の一部を受け取れないことが起こり得ます。これは、いわゆる「在職老齢年金」と呼ばれる制度

が適用されるからです（在職老齢年金については、高齢者の労働意欲を下げるといった批判もあり、政府が2025年の年金関連法の改正で廃止することを検討していますが、本書では制度が継続する前提でお伝えしています）。

65歳以降の在職老齢年金による年金の支給停止は、役員報酬が変われば見直しが行われますが、サラリーマンなら随時給料の変更が可能であるのに対し、役員報酬の見直しは年1回だけです。

「社長の年金は特別」と言われる理由はほかにもあるのですが、年金の基本的な知識がなければ非常にわかりにくいため、まずは年金の基本をできる限り簡単に説明します。

年金を受給できるタイミングの65歳から年金を考えるのでは遅いため、事前に年金をある程度理解しておくことが大切です。

なお、ここで解説する公的年金は「老齢年金」に限定します（「障害年金」や「遺族年金」は割愛）。また、自営業や専業主婦などの国民年金だけ受け取れる方々（1号、3号被保険者）の説明も割愛し、2号被保険者に限定します。

「公的年金の基礎知識」

公的年金は2階建て

まず、公的年金制度の構造は「基礎年金（国民年金）」と「厚生年金」の「2階建て」になっています。1階部分の基礎年金は20歳以上の国民全員が加入するものであり、2階部分の厚生年金は会社員や公務員が加入する年金制度です。

基礎年金は、最大40年間納めたときにもらえる年金額が固定されていますが（毎年物価などの要因で見直し。2024年は満額で81万6000円）、厚生年金は給与額が高いほど、かつ加入した月数が長いほどもらえる年金額も増えます。

基礎年金は、納付していない時期や免除期間がある場合、その期間に応じて満額から減額される仕組みです。

厚生年金保険料を給与天引きで納めている加入者は基礎年金にも加入しているうえ、保険料は会社と折半なので、基礎年金しか加入していない人よりも、給付や保険料の面で手厚くなっています。

保険料の納付期間ですが、基礎年金が基本的に20～60歳なのに対し、厚生年金は最大で15～70歳までの55年間が納付期間となります。つまり、60歳を超えて会社で働き続ける場合は、70歳まで厚生年金保険料が給与から天引きされる、ということです。

公的年金制度

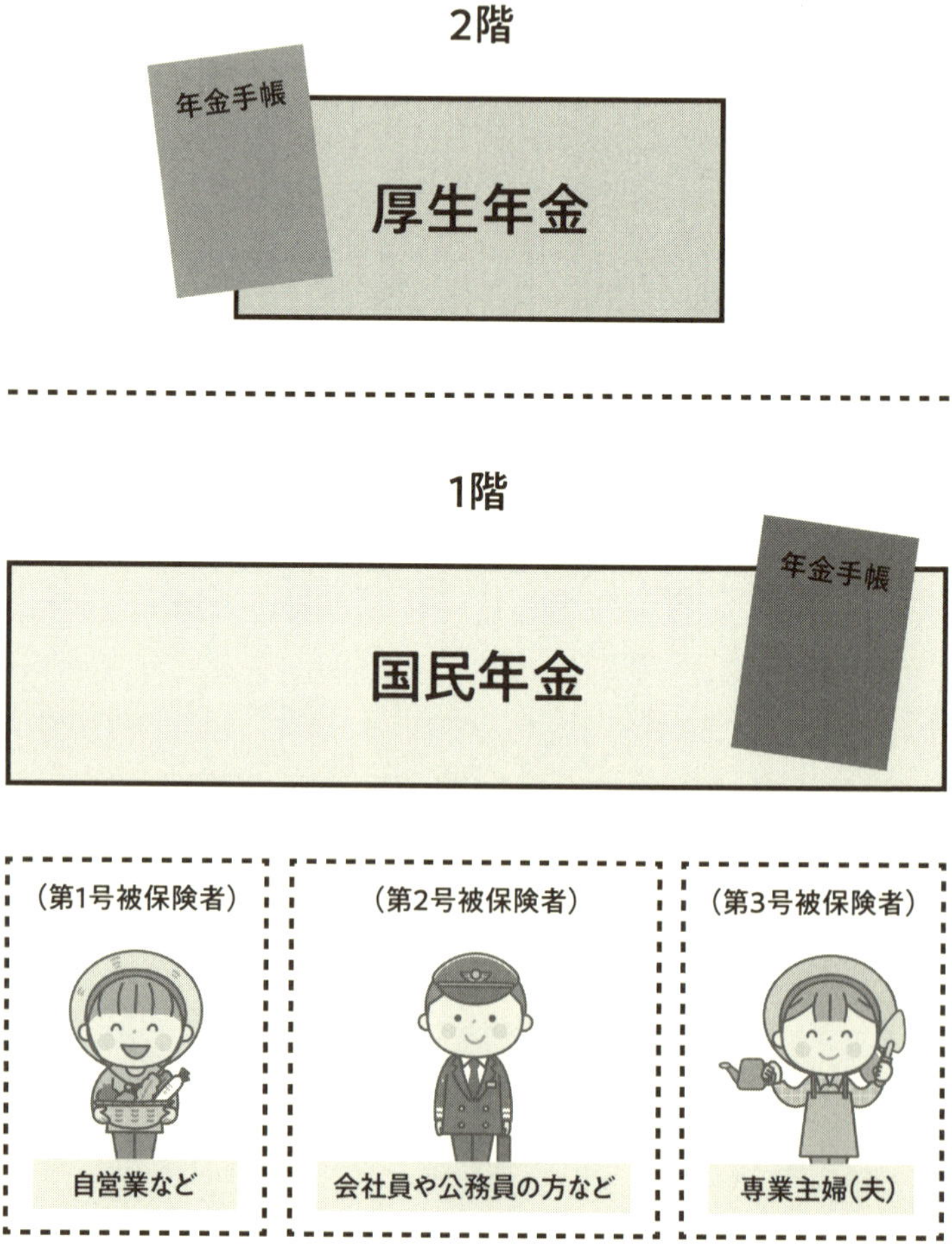
2階
年金手帳
厚生年金
1階
国民年金
年金手帳
（第1号被保険者）
自営業など
（第2号被保険者）
会社員や公務員の方など
（第3号被保険者）
専業主婦(夫)

65歳からの年金のもらい方

年金のもらい方には4パターンある

老齢年金のもらい方は、「65歳から、基礎年金と厚生年金をまとめてもらい始める」だけではありません。次の4パターンがあります。

〈老齢年金のもらい方〉

①老齢基礎年金と老齢厚生年金のどちらも65歳からもらう
②老齢基礎年金は65歳からもらい、老齢厚生年金を繰り下げる
③老齢基礎年金は繰り下げて、老齢厚生年金を65歳からもらう

④老齢基礎年金と老齢厚生年金のどちらも繰り下げてもらう

老齢基礎年金も老齢厚生年金も基本的に65歳から受給できますが、じつは本人の希望で60歳から受給する「繰り上げ受給」や66歳以降に受給する「繰り下げ受給」ができます。

そして繰り下げは、75歳まで可能です。

年金の繰り上げ・繰り下げのメリット・デメリット

繰り上げのメリットは、早く年金をもらえることですが、デメリットもあります。65歳から繰り上げ受給するまで、1カ月あたり0・5％年金額が削減されるところです。最大の60歳まで繰り上げたときは、30％減額されてしまい、一生その額を受け取り続けることになります。

ここで「繰り上げ」を推奨していないのは、社長が繰り上げをしても意味がないか

65歳からの年金のもらい方（4パターン）

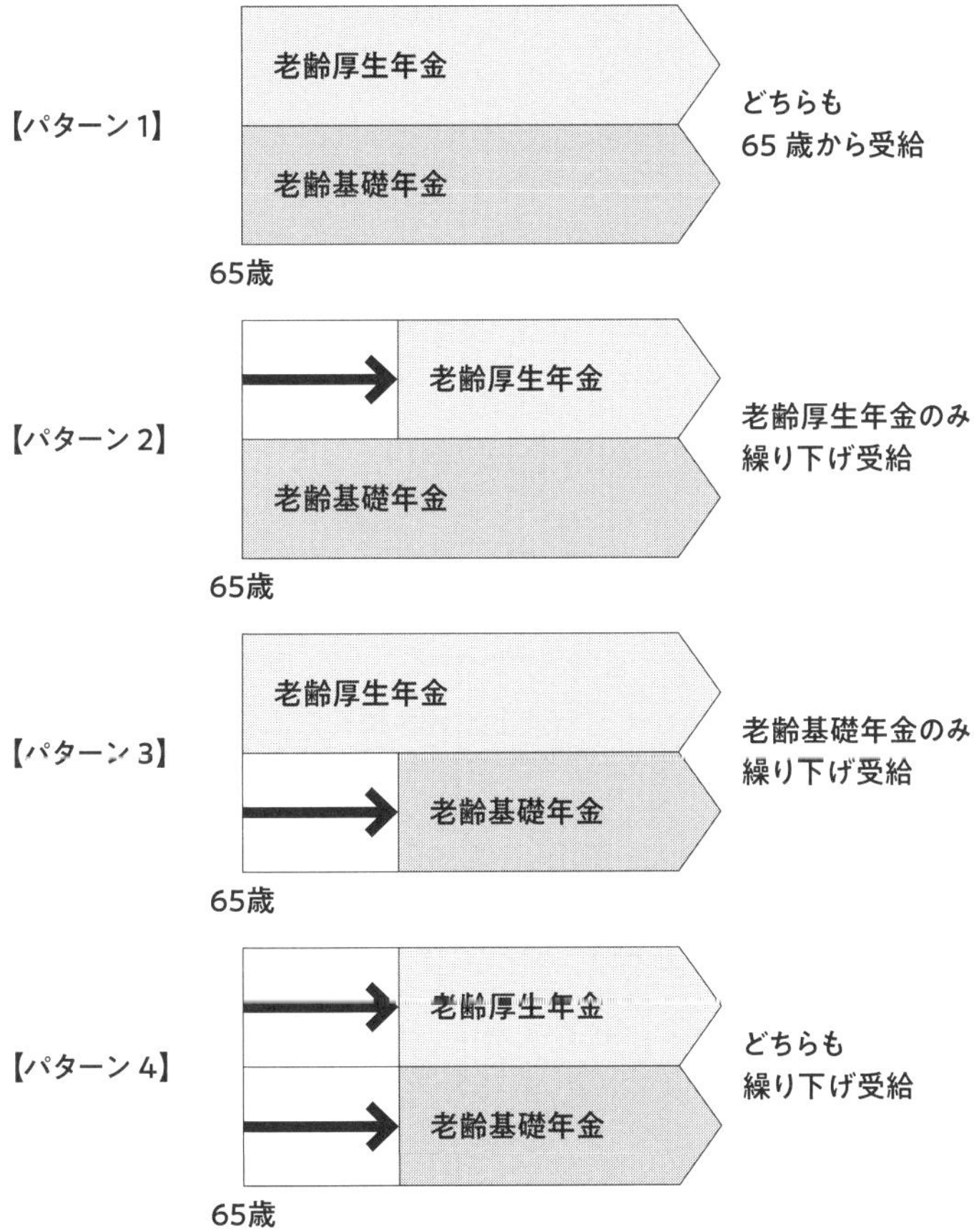

らです。なぜ意味がないのかは、次項の「在職老齢年金」でお話しします。

繰り下げは、年金の受け取りが遅くなる点がデメリットですが、繰り下げた分、1カ月あたり0・7％が増額する点がメリットです。

つまり、1年遅らせると年8・4％年金が増額し、70歳まで遅らせると42％、75歳まで遅らせると84％増える計算となるのです。

年8・4％となると、非常に割のいい「資産運用」ですが、長生きしなければ受け取り総額が少なくなるので、注意が必要です。

繰り下げ受給を希望する場合は、66歳以降で繰り下げ受給を希望する時期に請求書を最寄りの年金事務所などへ提出します。

繰り下げによる年金の増額率は、手続きを行った時点で決まります。

繰り下げ増額率早見表

請求時の年齢	0カ月	1カ月	2カ月	3カ月	4カ月	5カ月	6カ月	7カ月	8カ月	9カ月	10カ月	11カ月
66歳	8.4%	9.1%	9.8%	10.5%	11.2%	11.9%	12.6%	13.3%	14.0%	14.7%	15.4%	16.1%
67歳	16.8%	17.5%	18.2%	18.9%	19.6%	20.3%	21.0%	21.7%	22.4%	23.1%	23.8%	24.5%
68歳	25.2%	25.9%	26.6%	27.3%	28.0%	28.7%	29.4%	30.1%	30.8%	31.5%	32.2%	32.9%
69歳	33.6%	34.3%	35.0%	35.7%	36.4%	37.1%	37.8%	38.5%	39.2%	39.9%	40.6%	41.3%
70歳	42.0%	42.7%	43.4%	44.1%	44.8%	45.5%	46.2%	46.9%	47.6%	48.3%	49.0%	49.7%
71歳	50.4%	51.1%	51.8%	52.5%	53.2%	53.9%	54.6%	55.3%	56.0%	56.7%	57.4%	58.1%
72歳	58.8%	59.5%	60.2%	60.9%	61.6%	62.3%	63.0%	63.7%	64.4%	65.1%	65.8%	66.5%
73歳	67.2%	67.9%	68.6%	69.3%	70.0%	70.7%	71.4%	72.1%	72.8%	73.5%	74.2%	74.9%
74歳	75.6%	76.3%	77.0%	77.7%	78.4%	79.1%	79.8%	80.5%	81.2%	81.9%	82.6%	83.3%
75歳	84.0%											

昭和27年4月1日以前生まれの方（または平成29年3月31日以前に老齢基礎（厚生）年金を受け取る権利が発生している方）は、繰り下げの上限年齢が70歳（権利が発生してから5年後）までとなりますので、増額率は最大で42%となります。

「在職老齢年金」の仕組みを知ろう

社長の在任中は、厚生年金を受け取れない可能性が高い

社長の公的年金を語るとき絶対に忘れてはいけないことが、在職老齢年金です。

在職老齢年金とは、老齢厚生年金を受給している会社員や会社役員が、厚生年金と給与を併せて一定額以上の収入を受け取っているときに、厚生年金の一部、もしくは全額が支給停止になる制度です。

具体的には、「基本月額（老齢厚生年金のうち、報酬に応じて計算される部分の月額）」に「総報酬月額相当額（標準報酬月額＋年間の賞与額÷12）」を加えた金額が50万円（令和6年度＝2024年度）を超えている場合、その超えた金額の2分の1

が、厚生年金から差し引かれる、というものです。

ですから、仮に基本月額が15万円、役員報酬月額が60万円（総報酬月額相当額が59万円）とすれば、（15万円＋59万円－50万円）÷２＝12万円が支給停止となり、厚生年金は月３万円になります。

これが役員報酬月額１００万円（総報酬月額相当額65万円）とすれば、（15万円＋65万円－50万円）÷２＝15万円ということで、厚生年金は全額支給停止となるのです。

定年後に再雇用されるサラリーマンが支給停止のラインである50万円を超えることは少なく、たとえ超えたとしても厚生年金が全額支給停止になることは滅多にないのですが、**高額な役員報酬を得ている社長であれば全額支給停止があり得ます**。

さらに、厚生年金保険料の支払いが終わる70歳を超えても支給停止は続くため、社長である間は厚生年金を受け取れないケースが非常に多いのです。

しかも、厚生年金がもらえないにもかかわらず、年金保険料を70歳まで納めなければなりません。

「社長の年金は特別」「社長は年金で損をする」と言われる背景には、このような理由があるのです。

なお、前項でお話しした「社長は年金を繰り上げても意味がない」理由は、60歳であればまだまだ現役真っ只中であり、在職老齢年金の制度で全額支給停止になることが目に見えているからです。

60歳まで繰り上げたことでもらえる額が7割に下がり、なおかつ支給停止になるのであれば、まったく意味がありませんよね。社長勇退後に受け取ろうとしたときには、7割に減額された年金を一生受け取らなければなりません。

ですから**「年金の繰り上げ」は、社長の年金の受け取り方としてはおすすめできません**。

社長の年金で大切なのは、在職老齢年金も考慮して、127ページの図の4つのどのパターンで年金を受給するかを65歳になる前から考えることです。

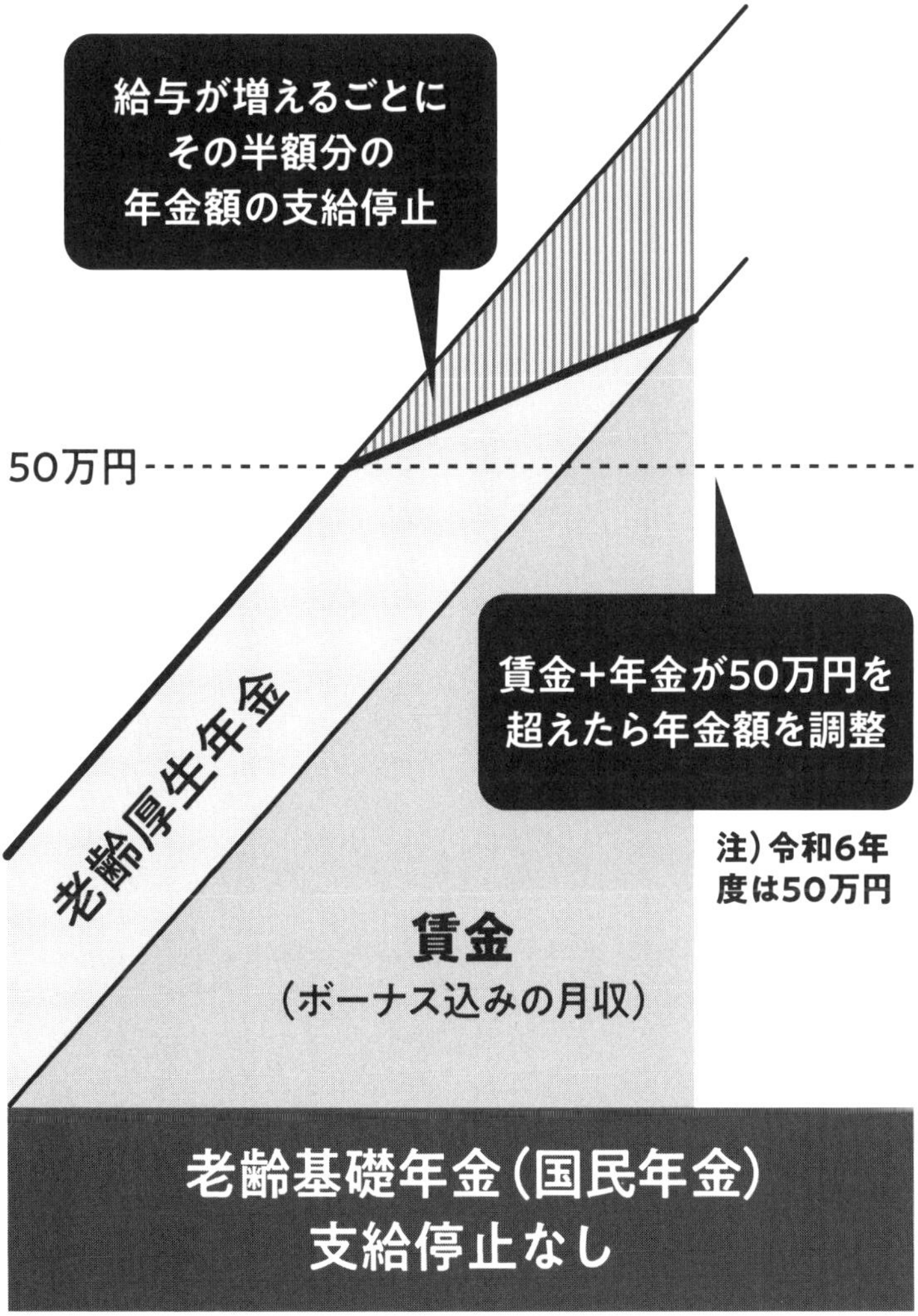
給与が増えるごとに
その半額分の
年金額の支給停止
50万円
賃金+年金が50万円を
超えたら年金額を調整
注）令和6年
度は50万円
老齢厚生年金
賃金
（ボーナス込みの月収）
老齢基礎年金（国民年金）
支給停止なし

「在職老齢年金に関する勘違い」

在職老齢年金によって受け取れなかった年金は取り戻せない

ここから、多くの方が誤った理解をしている「年金の勘違いポイント」をいくつかご紹介します。まずは、社長の年金最大のポイントである「在職老齢年金」からです。

さまざまな社長から、ある質問をいただくことがあります。

それは、「65歳から受け取れないのなら、退任まで繰り下げして、割り増しになった年金を受け取れないのか？」というものです。

残念ながらそれはできません…。

すでにお伝えした通り、年金の繰り下げは年金受け取りの請求をした時点の月数で算定されますが、その算定において「年金を受け取る権利がない期間」は割り増しの対象とはならないのです。

在職老齢年金によって受け取れなかった年金を取り戻すことができないだけではなく、受け取れなかった期間の繰り下げによる年金の増額もできません。

「せっかく長年年金保険料を納めてきたのに、納得いかない…」と思われる社長は多いでしょう。実際、「話が違う！」「そんな話は聞いていない！」と怒ってしまう方も、少なくありません。

でも、わかりにくくても制度は制度なので、資産を増やすには知識で武装するしかありません。年金はそういった分野なのです。

基礎年金には在職老齢年金の調整がかからない

在職老齢年金という制度があることは知っていても、支給停止の範囲までしっかりと把握している社長は少数です。
多いのは、「役員報酬が高いと、国の年金は一切もらえない」と勘違いしているケースです。

すでにお伝えした通り、公的年金は基礎年金、厚生年金の2階建てになっています。そして、在職老齢年金で支給停止がかかるのは、厚生年金（報酬比例部分）だけなのです（経過的加算は支給停止がかかりません）。つまり、**基礎年金には調整がかからないため、もらえないと勘違いして受け取りの申請をしないままでいると、本来もらえるはずの基礎年金をもらうことができません**。

もっとも、65歳を数年過ぎた段階で申請しても、申請までの期間に対応する年金を諦めなくて大丈夫です。遡ってもらうこともできますし、申請した時点までの月数で増額された年金を受け取り始めることもできるのです。

一方で、支給停止になった在職老齢年金を、あとからもらえることはありません。
この点を勘違いしている人が非常に多いので、間違えないようにしましょう。

報酬額が高いと「もらえない年金」、報酬が高くても「もらえる年金」

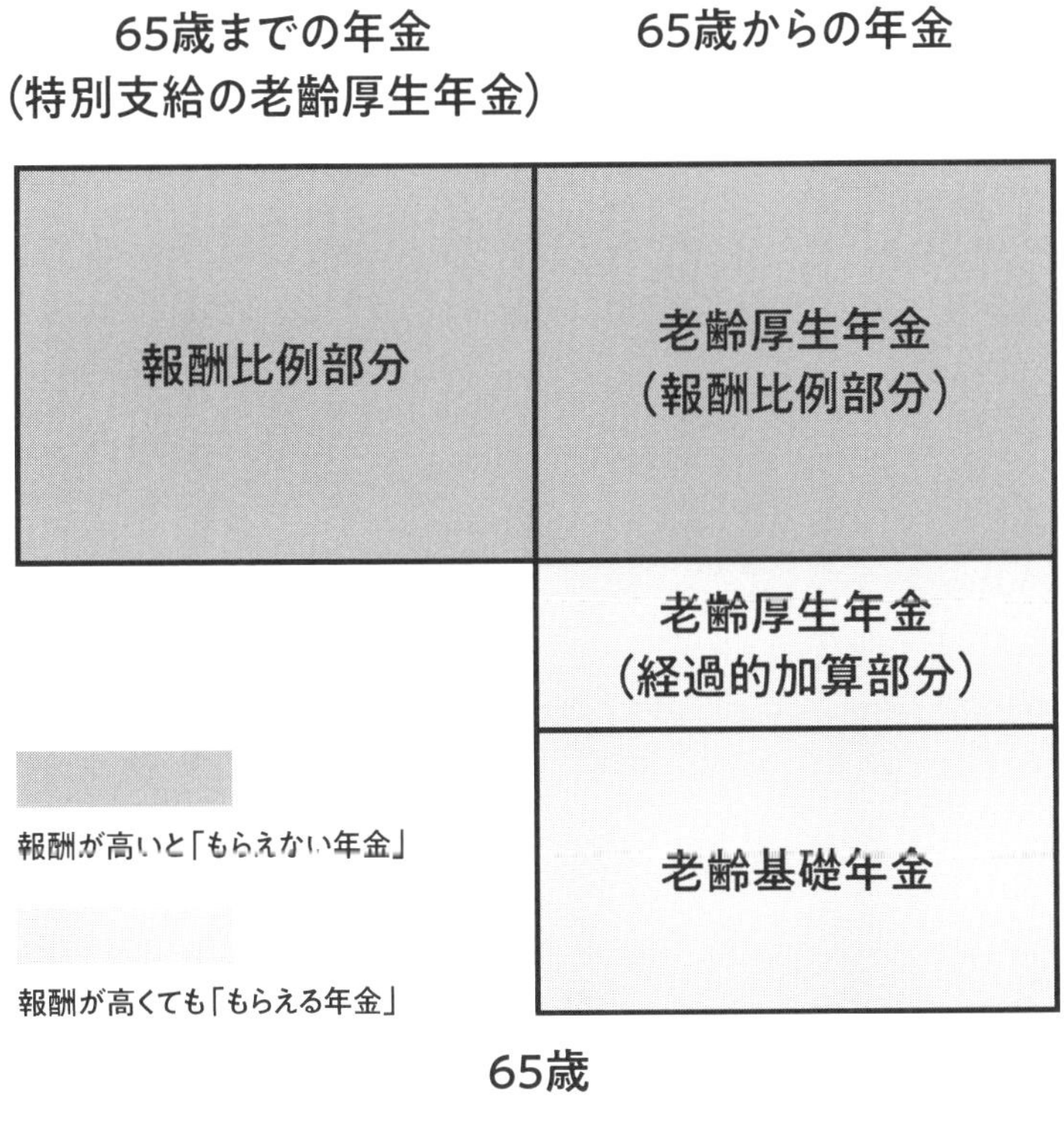

そのほかの年金勘違いポイント

何かと失念しやすい「厚生年金基金」

現在は制度が廃止となり、新たに立ち上げられなくなっている「厚生年金基金」という年金制度がありました。説明は省略しますが、厚生年金の運用の一部を企業が代行していた時代があったのです。

社長になる以前にお勤めの経験がある人なら、もしかすると過去に勤めていた企業が厚生年金基金に入っていた可能性もあります。

この厚生年金基金に預かってもらっている年金をもらう際、年金事務所にではなく、厚生年金基金の運営を引き継いでいる企業年金連合会へ請求しなければいけません。

ただ、厚生年金基金の情報は「ねんきん定期便」に載りません（代行部分の金額を老齢厚生年金の金額に含めて記載されています）。お勧めだった頃、会社が厚生年金基金に入っていたか知ってなければ、請求できるものではありませんね。実際、請求せずに厚生年金基金の老齢年金を受け取れない人は多いのです。

「どうせ請求しても、在職老齢年金に引っかかってもらえないから、請求してもしなくても同じだろう」と考えた方もいるかもしれません。結論から言うと、その通りです。厚生年金基金から受け取る年金も、在職老齢年金の計算に含まれるため、それなりの役員報酬を受け取っている社長なら、請求してももらえない可能性が高いと言えます。

ところが、気をつけなければいけないポイントがあります。厚生年金基金の年金（代行部分）は、在職老齢年金の支給停止額を計算する際の「基本月額」に含まれるため、のちほどお話しする「役員報酬の調整」を行ったときに、考慮から漏れやすいのです。

つまり、**厚生年金基金を除いた厚生年金額をベースに役員報酬を調整したのに、基**

金の考慮が漏れてしまったために、想定と異なる結果になることもあるということです。社長の年金は、やはり公的年金に詳しい専門家に調べてもらったうえで、方針を考えていく必要はあるのではないでしょうか。

大事なことなので繰り返しますが、支給停止になった在職老齢年金は、決してもらえることはありません。ですから、慎重に対応する必要があるのです。

複数の会社から役員報酬を得ている社長は要注意

社長に特有なこととしてあげられるそのほかの例は、社長が複数の会社から役員報酬を得ているケースです。

すでにお伝えしている通り、在職老齢年金を計算する際は「総報酬月額相当額（月の給料＋年間の賞与額÷12）」を用いますが、複数の会社から役員報酬を得ている場合なら、すべての報酬を考慮されます。

1社だけ対策を打ったからと言って、安心してはいけません。

この点も、社長特有のことと言えるでしょう。

複数の会社から報酬を得ている場合

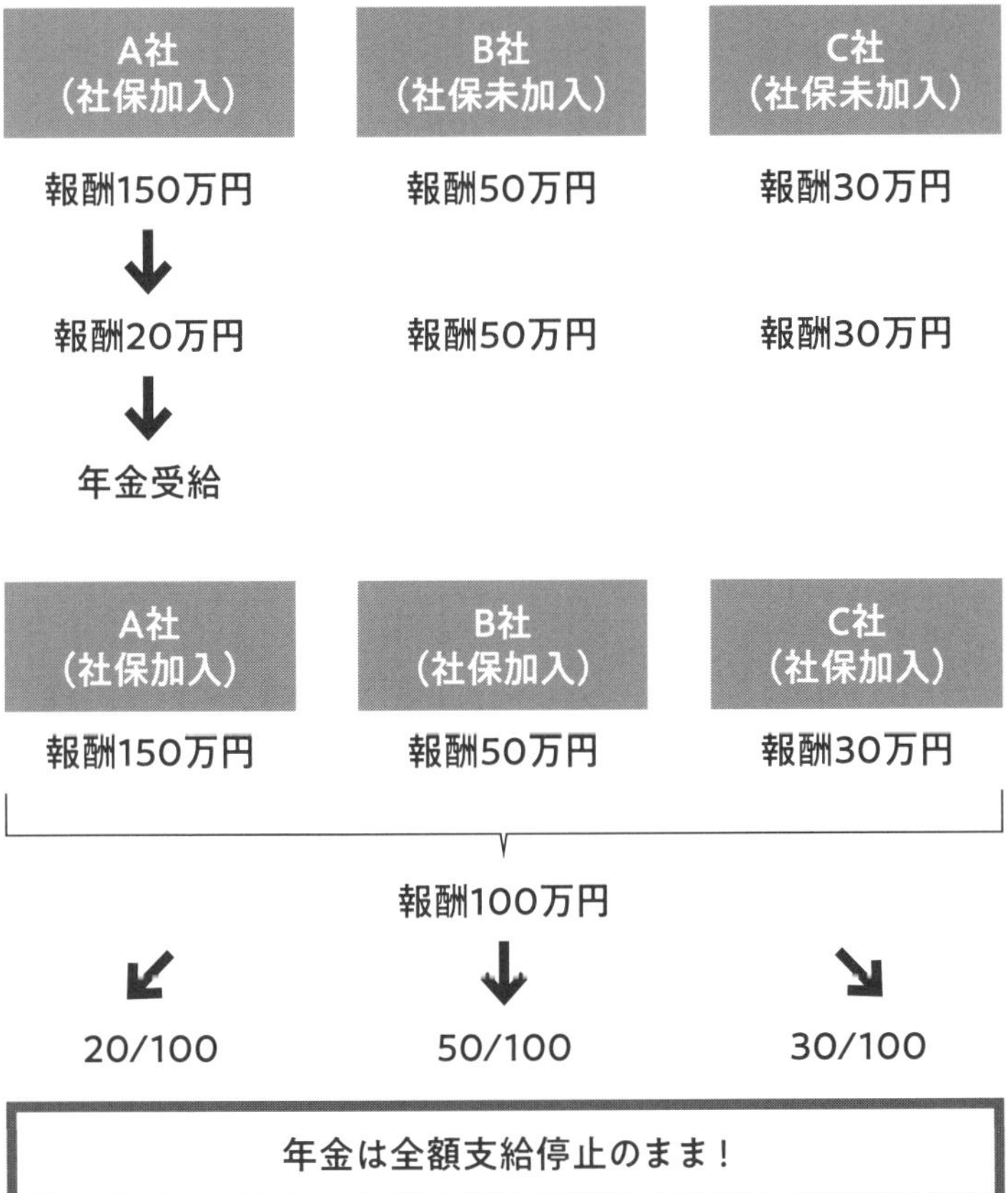

社長の年金額をいかに確保するか

社長が老齢厚生年金をもらうメリット

社長の資産を増やすうえで、厚生年金を素通りするわけにはいきません。在職老齢年金のハードルをクリアして、厚生年金を一部、もしくは全額もらうに越したことはないでしょう。

社長が厚生年金を受け取るメリットには、次のことが考えられます。

①社長の手取り額が増え、資産の増加につながる

これは、あえて説明する必要はないでしょう。

②社長の年金額が増えた分、役員報酬を下げられる

社長の手取りを変えなくてもいいのであれば、年金額が増えた分、役員報酬を減らすことができます。

会社としてコスト削減した部分を内部留保にしてもいいですし、社長の勇退退職金の原資にまわすこともできるはずです。

③「加給年金」がもらえる可能性がある

老齢厚生年金には、家族手当とも呼ばれる「加給年金」というものがあります。厚生年金に20年以上加入した人のパートナーが65歳になるまで、年で約40万円受け取ることができるものなのですが、支給条件のひとつに「在職老齢年金によって老齢厚生年金が全額支給停止になっていないこと」とあります。

老齢厚生年金を一部でももらえるようにすることで、年40万円年金額が増えるのは、それなりのメリットととらえていいのではないでしょうか。

会社に残ったお金の使い途

■役員退職金として受け取る（積み立て）

■後継者の報酬を増額する

■会社の発展のために投資する
（人材、設備、広告宣伝、販路開拓など）

↓

老齢厚生年金は「終身年金」
65歳頃を目途に報酬を引き下げて年金を受給する、
という選択肢も検討すべきでは？

社長の在任中に老齢厚生年金をもらえるかどうかは、ケースバイケース

65歳以降の老齢厚生年金のもらい方は、147ページの図の通り、3パターンに分かれます。

つまり、

・パターン1…老齢厚生年金が全額支給停止
・パターン2…老齢厚生年金が全額支給
・パターン3…老齢厚生年金が一部支給

ということです。

もっとも望ましいのがパターン2であり、最低でもパターン3でいきたいところです。社長によって状況が異なるので、どの程度まで持っていけるかはケースバイケースと言えます。

もっとも大切なのは、あなた自身がどうしたいかに尽きます。

「社長を務めている間は、厚生年金をもらわなくてもいい」という考えならば、とくに対策を打つ必要はないでしょう。

一方で、「せっかく保険料を払ってきたのに、一生厚生年金をもらえない可能性があるのは嫌だ」と考えるのであれば、厚生年金をもらえるよう対策を打っていく必要があります。

まずは、本章でお話しした年金のポイント、注意しなければならない点をしっかりと把握し、「どうしたいか」を明確にしましょう。

知っておくこと、どうしたいのかを決めることで、事前に対策することができます。

社長であるあなたの資産を増やすためにも、最善策をとっていきたいですね。

65歳からの報酬設定（3パターン）

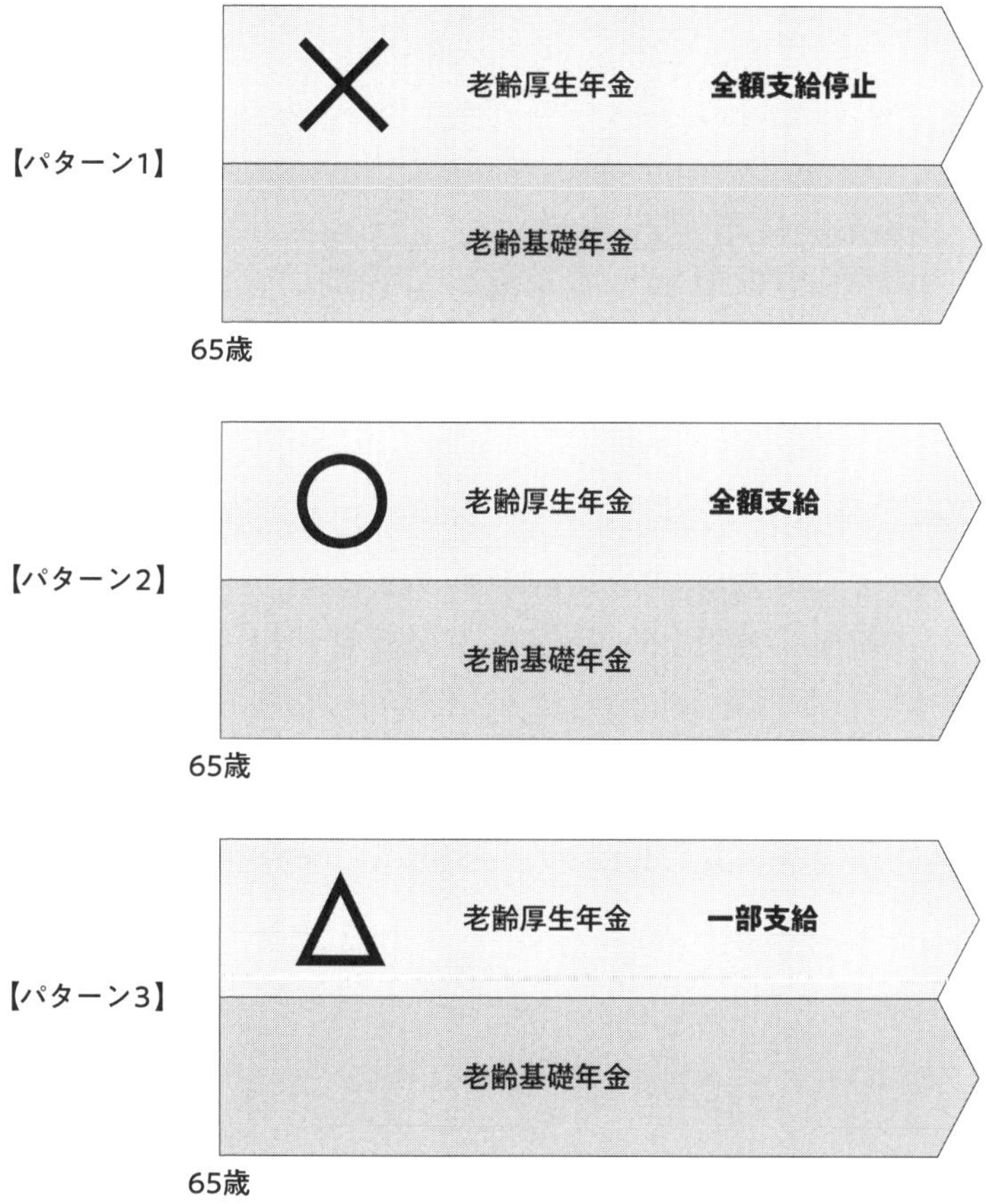

4章ポイント

◯社長の年金は特別

●報酬が高いため、在職老齢年金により
在任中は受け取れない場合がある

◯よくある年金の注意点

●在任中は厚生年金を受け取れない
可能性はあるが、基礎年金はもらえる
●在職老齢年金で受け取れなかった厚生年金を
あとで取り戻すことはできない
●「厚生年金基金」を失念しやすい
●複数の会社から報酬を得ると、
厚生年金を受け取れないことも

◯社長の年金、どう考える?

●「自分自身がどうしたいか?」を考える
●受け取りたいなら、専門家に相談

第5章

社長の退職金を確保しよう

社長の退職金の基本

「役員退職金」の性格を知ろう

本章では、社長の退職金についてお話しします。

社長の退職金は、「役員退職金」と呼ばれ、社長が生前に勇退、もしくは死亡により退職する際に支払われるものです。生前の退任であれば社長本人の老後の生活保障、死亡による退職であれば遺族の生活保障や相続対策のために支払われる一時金です。

なお、死亡時に支給される一時金には、いわゆる「弔慰金」というものもあります。弔慰金は、故人の功労に報いる意味合いが強いものであり、それに対して死亡退職金は、勇退時に受け取る予定であった退職金見合いとなるもので、遺族の生活保障の意味合いが強いと考えられています。

のちほどお話しする社長への一時金に関する損金算入について、弔慰金と死亡退職金とでは計算が異なるため、本書では死亡時の支給は「死亡退職金」に絞ってお伝えします。

また、本書は経営者の方々が物心ともに豊かな人生を送ることを目的としているので、主に「生前に受け取る役員退職金」をメインに解説します。

同じ退職金であっても、会社の経営を行う経営者が受け取る役員退職金と従業員が受け取る従業員退職金とでは、性質が異なります。

従業員退職金は雇用契約に基づくものであり、退職金規程に定められていれば会社に支給義務があるため、従業員本人に受け取る権利があります。一方で役員退職金は、定款に定めていない場合は株主総会決議がない限り、役員退職金規程があったとしても取締役会で決議したとしても会社は支給できず、本人にも受け取る権利が生じません。

一般的に、役員退職金のほうが額は大きいため、恣意的な金額設定や単なる節税対策として使われることを防止する必要があるのでしょう。役員退職金は会社法による規制が適用されたり、会計や税務のルールに気をつけたりしなければならない点が、従業員退職金との大きな違いと言えます。

役員退職金のメリット

役員退職金を支給することで、会社にとっても社長本人にとっても大きなメリットがあります。

【会社にとってのメリット】

・法人税法上、原則として損金算入が認められる

↓法人税などの節税、自社株の評価減につながる

【社長本人にとってのメリット】

1. 退職所得控除額が大きいため、役員報酬（給与所得）としてもらう場合に比べて、所得税等が少なくなる

〈退職所得控除〉

・勤続年数が20年以下の場合：40万円×勤続年数

・勤続年数が20年超の場合：８００万円＋70万円×（勤続年数－20年）

2. 役員勤続年数が５年超の場合、「退職金の額－退職所得控除額」×１／２が退職所得の金額となる

3. ほかの所得と分離して課税される

4. 退職後に受け取った役員退職金は健康保険・厚生年金保険の報酬・賞与に該当しないため、社会保険料が不要であり、年金支給停止にも影響しない

5. 勇退後の人生を豊かにできる

役員退職金は、とかく会社にとってのメリット、とくに節税の部分が強調されがちですが、じつは社長本人のメリットの最後、「勇退後の人生を豊かにできる」という点

を、わたしたちは重要視しています。

すでにお伝えした通り、世の中の多くの経営者は生涯現役を指向しているため、生前に退職金を受け取ろうという意識を持っている人は少ないように感じるのです。

もちろん一生経営者でいるのも素晴らしいことですが、社長亡きあとの会社の行く末を盤石なものとするためにも、社長の死亡による事業承継ではなく、生前の事業承継をおすすめしたいところです。

ご家族に「死亡退職金」として一時金が渡るのではなく、ご家族の長年のご苦労に報いるためにも、社長が元気なうちに退職金を受け取り、やり残しのない人生を歩むことを考えてみませんか？

役員退職金で問題になるケース

役員退職金には、損金算入可否の問題が常につきまとう

役員退職金で問題になるのは、高額なお金を支払ったにもかかわらず、税務署から否認されてしまうケースです。

たとえば、何らかの形で退職後も経営に携わっていると、税務署は実質的な退職ではないと判断し、役員退職金の全額を損金に算入できなくなる可能性があります。

ですから、**役員退職金を支給する際にもっとも気をつけなければならないのが、社長が退職したあとの会社との関わり方**です。

また、会社が支払った退職金額が高額すぎるということで、「過大役員退職金」とい

う扱いになって、損金として認めてくれないケースもあるのです。

そうなると、多額の退職金を支払ったにもかかわらず、全額もしくは一部が損金とみなされず利益が減少しないため、手元の資産だけ減るうえ、追加の税金を納めなければなりません。

このように、社長の退職金で気をつけるべきことはさまざまです。とくに役員退職金が過大なのかどうか、税務署がくだす判断はケースバイケースで、常につきまとう問題だということを忘れないようにしましょう。

法人税と所得税との違い

では、仮に役員退職金が過大であると判断された場合は、どうなるのでしょうか。

たとえば、会社が勇退する社長に退職金として1億円支払ったとします。この1億円が適正な金額と税務署に認められれば、会社は全額を損金算入できます。

ところが、税務署が「6000万円まではOK、でも4000万円分は過大なので認められない」と判断すると、仮に実効税率が30％として、4000万円に対して1200万円の税金が課せられてしまいます。

一方で、社長本人は退職の事実があれば、過大な部分があっても1億円全額が退職金として認められ、退職所得控除が適用されるのです。

会社が支払った退職金が過大と指摘され、損金に算入できない部分があったとしても、受け取った本人の退職所得控除には何ら影響はありません。

これは、法人税と所得税との違いによるものです。

とは言え、会社の会計に影響を与えながら退職金を受け取っても、本人は心苦しいでしょう。

せっかくの退職金です。法人税も所得税も問題のない形で受け取りたいですよね。

損金にできるかどうかの税務署の判断基準については、のちほど詳しく解説します。

過大退職金と判断された場合

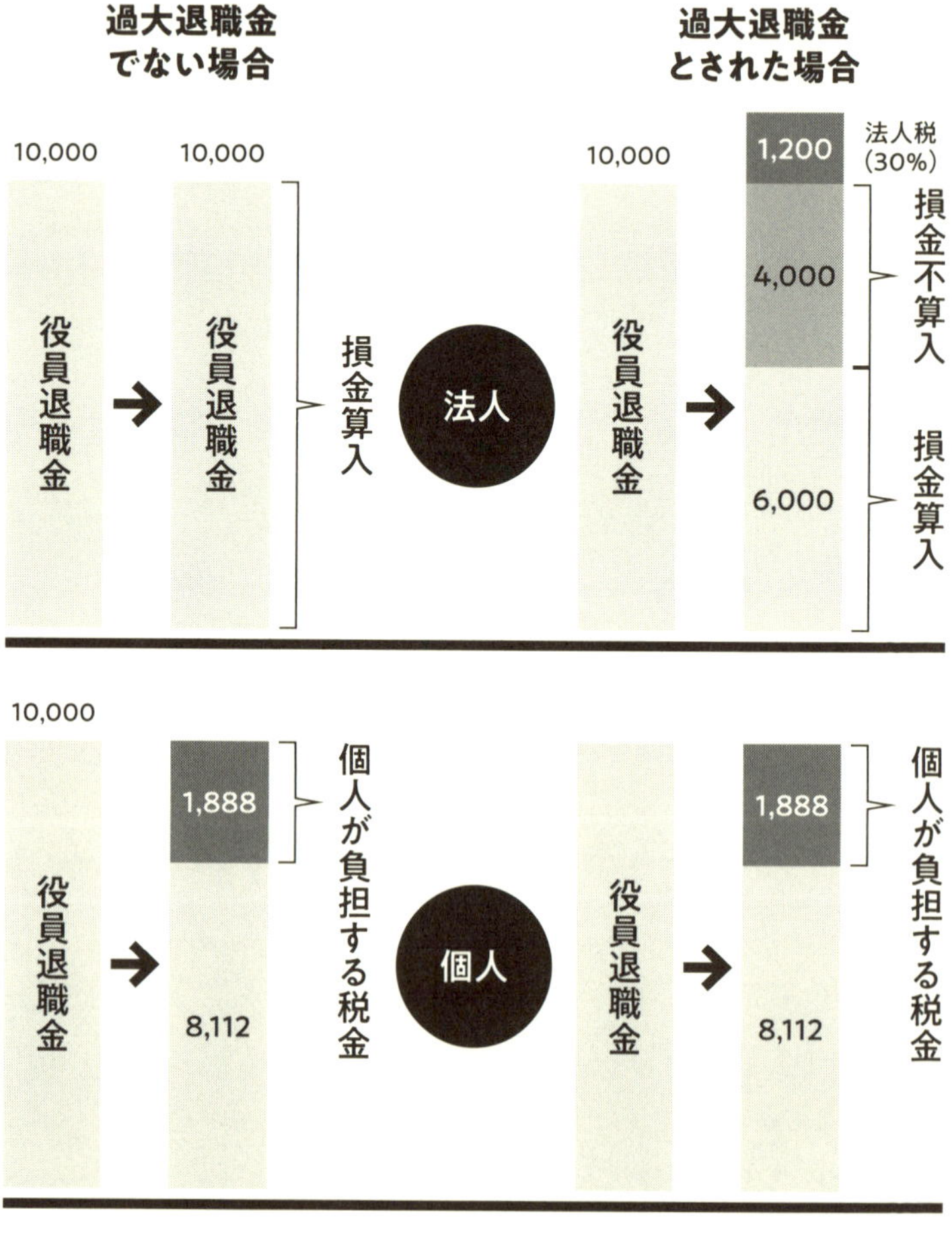

役員退職金チェックリスト

チェックリストで、役員退職金の準備状況を確認しよう

ここで、「役員退職金チェックリスト」であなたの会社における役員退職金の準備状況を確認してみましょう。

【役員退職金チェックリスト】

Q１　「役員退職金規程」を作成していますか？

□作成済み　□作成済みだが見直しが必要　□今後検討　□必要なし

Q2　（役員退職金規程を作成している場合）「役員退職金規程」の内容を理解していますか？

□よくわかっている　□だいたいわかっている　□わからない

Q3　（役員退職金規程を作成している場合）退任時に生存退職金をいくら受給できるかご存じですか？

□よくわかっている　□だいたいわかっている　□わからない

Q4　（役員退職金規程を作成している場合）万一の際に遺族へ支払われる死亡退職金額をご存じですか？

□よくわかっている　□だいたいわかっている　□わからない

Q5　（役員退職金規程を作成している場合）万一の場合の死亡退職金の受取人は誰ですか？

□後継者　□法定相続人　□その他　□わからない

Q6　生存退職金の支払いへの備えはしていますか？

□十分している　□しているが不十分　□していない

Q7　死亡退職金の支払いへの備えはしていますか？

□十分している　□しているが不十分　□していない

Q8　生前に役員退職金を受け取る場合、「完全退職」が必要と理解していますか？

□十分に理解している　□理解しているが不十分　□よくわからない

Q9　そもそも、亡くなるまで社長でいたいですか？　誰かに引き継ぎたいですか？

□一生社長でいたい　□誰かに引き継ぎたい　□わからない

「役員退職金チェックリスト」のチェック結果

チェックの結果は、いかがでしたか？
「準備が十分ではないから、駄目」というわけではありません。
大切なのは、現状を知り、状況を改善していくことです。
それぞれのチェック結果を見てみましょう。
ここでは概略だけ説明し、のちほど詳しく解説することとします。

【役員退職金チェックリストのチェック】

Q1　「役員退職金規程」を作成していますか？

役員退職金を確実に支払うには、「役員退職金規程」の整備が必要です。

Q2　「役員退職金規程」の内容を理解していますか？

支払い時期が来た際に慌てないためにも、「役員退職金規程」の内容が貴社の現状に合っていることが重要です。

Q3　退任時に生存退職金をいくら受給できるかご存じですか？

ご希望の額を受給できるような内容としておくことが必要です。

Q4　万一の際に遺族へ支払われる死亡退職金額をご存じですか？

ご希望の額が、きちんと支給される内容にしておく必要があります。

Q5　万一の場合の死亡退職金受取人は誰ですか？

受取人を後継者に指定しておくことも、円滑な事業承継を進めるためのひとつの手段となり得ます。

Q6　生存退職金の支払いへの備えはしていますか？

長年の社業への貢献に報いるためには、十分な準備をしておくことが必要です。

Ｑ７　死亡退職金の支払いへの備えはしていますか？

後継者や遺族が困らないよう、十分な準備をしておくことが必要です。

Ｑ８　生前に役員退職金を受け取る場合、「完全退職」が必要と理解していますか？

税務署から「形のうえでは退職しているが、実質的に経営に関与している」と判断されると、受け取った一時金が退職金とみなされなくなるリスクがあります。

Ｑ９　そもそも、亡くなるまで社長でいたいですか？　誰かに引き継ぎたいですか？

本書では生前の退職金受け取りを推奨していますが、「一生経営者でいたい」と思う社長もいるはずです。ご自身がどうされたいか、しっかりと考えてみましょう。

役員退職金の3つの基準

役員退職金は3つの基準をきちんと満たさなければならない

役員退職金の損金算入可否は、非常に大きな問題ですね。この退職金に関して、税務署は次の3つの基準から、判断していると言われています。

1. 金額が過大かどうか（金額基準）
2. 正当な手続きを経ているか（形式基準）
3. 退職の事実があるか（実質基準）

ここから、この3つの基準におけるポイントをお話しします。

役員退職金の税務上の取り扱い

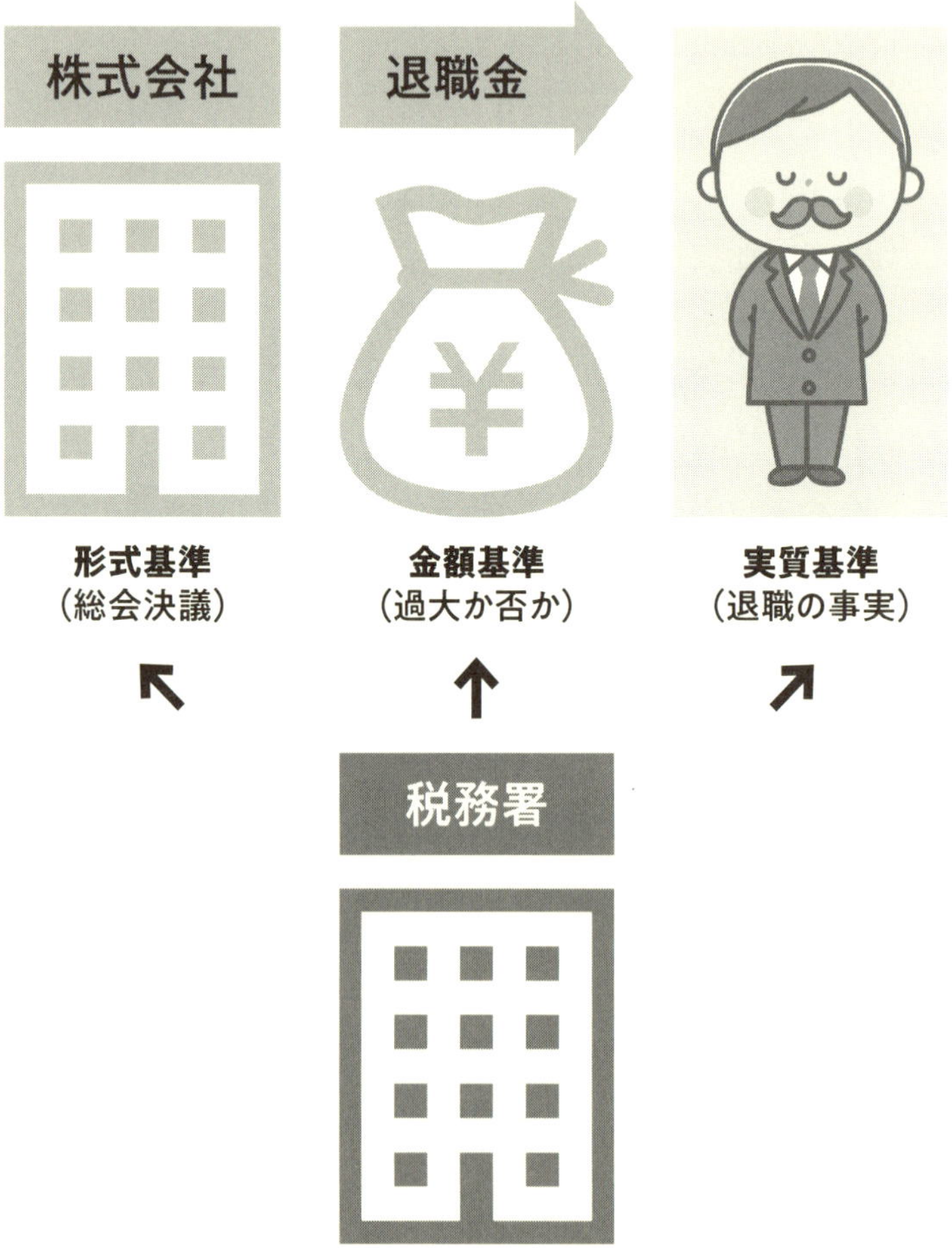

金額基準

過大かどうかは、税理士でも100％の確証を持てない

大前提を言うと、役員退職金は法律で定められた制度ではないため、法人に支払い余力があればいくら支給しても構いません。あくまでも税法上、「不当に高額な部分」は「役員賞与」の扱いとなり、損金算入ができない、ということです。

一般的には、最終報酬月額方式（最終報酬月額×勤続年数×功績倍率）で計算しておけば、役員退職慰労金が税務上損金として扱ってもらいやすいと言われています。

ただし、これはあくまでも目安であり、100％損金扱いになるわけではないことに注意しましょう。

また、本格的に役員退職金規程をつくる方法もあります。たとえば「1年あたり平均額（類似法人の役員在任1年あたりの役員退職金の平均額）などを勘案して最終報酬月額を150万円とする」ことも選択肢になります。

何度も言いますが、税務上はこれでOKという保証はありません。

「役員退職金規程があれば、どんな金額設定でも大丈夫」と思っている人もいますが、そんなことはありません。ただし、合理的な支給基準があったほうが有利なことは、間違いないでしょう。**役員退職金規程があることで、税務署に対して「こんなルールで支給しています」と根拠を示すことができる**からです。

ただ、損金計上が100％認められるとは限らないことには注意が必要です。

税務的に、退職金の適正額はいくらなのかを一概に語るのは困難であり、税理士でも100％の確証を持てていないのです。

「社長の退職金の税務にはリスクがあり、絶対に大丈夫と言える基準は存在しない」ことを知っておきましょう。

役員退職金の税務上の計算方法

たしかに、判例上、役員退職金の適正額の判断基準として

功績倍率方式
（「最終報酬月額×在任年数×功績倍率」）

が多く用いられているが、**税務上はかならずこの計算式に基づいて適正額が計算されることになっているわけではない**

「形式基準」

きちんとした手続きを経たうえで支給しなければならない

役員退職慰労金の「形式基準」とは、「きちんとした手続きを経たうえで支給しているか」ということです。

具体的には、役員退職慰労金の支給は会社法上、株主総会の承認が必要となっているのです。

何度もお伝えしているように、役員退職金が税法上も損金算入されるには、株主総会の決議を経る必要があるのですが、中小・零細企業は株主総会で決議せずに退職金を支払うケースも散見されます。これでは、損金算入を否認されてしまいます。

ここは、役員退職金の非常に重要なポイントです。

もっとも、手続きを踏めばかならず損金算入できるわけではなく、金額が過大な場合や、次に解説する実質基準を満たしていない場合には、損金として認められなくなります。

ただ、正しい手続きを踏んだうえで役員退職金を支払うことは、最低限行っておきましょう。

役員退職金規程がなかったとしても、株主総会の決議を経て支払われていれば、税務上は間違った手続きではないので、損金算入が認められます。

繰り返しになりますが、従業員は退職金規程に定められていれば、かならず退職金を受け取ることができます。一方で役員退職金は、定款に定めがなければ（役員退職金の計算方法を定款に定めている会社はほとんどありません）、株主総会の決議がない限り、役員退職金規程があっても絶対にもらえるものではありません。

この点は、従業員と役員の退職金における大きな違いと言えます。

「実質基準」

実質的に退職したものと認められなければならない

中小・零細企業の場合、社長を退任したものの、経営から完全に離れずに影響力を持ち続けるというケースがあります。

退職後も経営上主要な地位を占めている場合は、退職したものと認められないため、損金算入が否認されてしまいます。

これが、役員退職金の「実質基準」です。

たとえば社長が退職したあと、院政のように経営に携わっていては、退職したとみなされない可能性が高いのです。

法人税基本通達において、分掌変更（社長が会長や監査役に退きながら、引き続き会社に在職すること）などにともなって受け取った役員退職金については、次の①～③の要件に当てはまれば、実質的に退職したものと認められ、退職金の扱いで損金算入できるとされています。

①常勤役員が非常勤役員になったこと

非常勤であっても、代表権を有していたり、実質的に会社の経営で主要な地位を占めていると認められたりする場合は退職とみなされないため、注意が必要です。

②取締役が監査役になったこと

監査役であっても、実際は会社の経営で主要な地位を占めていると認められる場合や、会社の株式の保有割合が所定の基準を超えている場合は退職とみなされないため、注意が必要です。

③分掌変更後にその役員の給与が概ね50％以上減額されたこと

これも、分掌変更後に会社の経営で主要な地位を占めていると認められる者の場合は、退職とみなされません。

実質基準に関する税務署や裁判所の判断は今後ますます厳しくなる

このように、実質的に退職しているかどうかについては、法人税基本通達で具体的な判断基準が示されていますが、最近の裁判例の動向を考慮すると、厳しくなっていると言わざるを得ません。

通達の規定通りに対応した会社の主張が、退けられた事例もあるのです。

たとえば、代表取締役から取締役になり、役員給与の額が激減したことを理由に支給した役員退職金について、損金算入が否認されたことがあります。

「損金算入が否認されるのは不当だ」と裁判で争われたのですが、その請求が棄却されました。裁判所の主張は、次の通りです。

・通達は、そこに掲げる3つの事実のうち、いずれかの事実があれば退職であると認

めるべき、という趣旨ではない
・本件では、実質的な退職の事実がない

実質基準に関する税務署や裁判所の判断は、今後ますます厳しくなっていくことが予想できます。

ですから、**とくに取引先、財務や人事権の引継ぎなどを後継者へしっかりと行い、重要な意思決定には関わらないようにしましょう**。

いっそのこと、給与をもらわない形にするほうがいいのかもしれません。

オーナー企業の場合、退職後も引き続き経営上主要な地位を占めていることが多いため、退職の事実認定をされない可能性は高いのです。

社長を退任したあと、まったく経営にタッチできない状態は、張り合いを感じられないかもしれませんね。匙加減は難しいところですが、引継ぎできなかったことなどの相談を受ける程度なら、大きな問題にはならないでしょう。

税務否認リスクへの対応

専門家のアドバイスを取り入れ、適正な税金を納める

ここで、役員退職金の損金算入が否認された際のリスクを整理します。

役員退職金が税務署から全部または一部過大と判断された場合は、その過大分が利益に加算され、法人税負担が増えます。

税務調査などで追徴課税されたときは、納期限を過ぎた分延滞税が発生します。

また、悪意はないと認定されれば重加算税の対象にはなりませんが、株主総会や取締役会をあたかも開催したかのように議事録を残しているような隠蔽・偽装事例では、重加算税が課される可能性があるのです。

実際に、税務調査で3億円の役員退職慰労金の全額が、損金算入を否認された事例がありました。

この事例では、株主総会の議事録がなかったばかりか、新社長が退職金の額を把握していない、開催していない取締役会の議事録を作成していた、といった事実が明らかになりました。その結果、延滞税に加えて重加算税の35%が加算されて、多額の追徴課税を受けることに…。

場合によっては、想定外の税金を納めることにもなりかねません。

さらに、利益の増加で意図しない自社の株価上昇につながることもあり得るため、役員退職金の支給にともなうリスクを理解したうえで、できる限り慎重な取り組みが求められるのです。

ただ、**リスクがあるからといって、「役員退職慰労金の支給はやめておこう」と考えるのは、正しくありません**。

専門家のアドバイスを取り入れつつ、最適な金額を設定し、正当な手続きを踏み、経営権を持っていると指摘されない状況をつくりましょう。

「どうしたいのか、きちんと意思表示しよう」

「いくらほしいか」がわからなければ専門家も有効なアドバイスができない

役員退職金の損金算入が税務署から認められるかどうかは、すでにお話しした通り3つの基準から判定されますが、税務署によって判断が一律とは言えません。こうすれば絶対に大丈夫、となることはなく、どんな場合でもリスクは残るのです。

大切なのは、社長はいくらほしいのか、そのときのリスクはどこまで許容できるのか、自分である程度決めることです。でなければ、専門家は適正なアドバイスもできません。まずは**「いくらほしい」と決めることで、専門家からアドバイスをもらうこ**

とができます。むしろ、「どうしたい」と意思表示をしなければ、いくら専門家でも手の打ちようがないのです。

退職金としてほしい金額は、第3章でお話しした「ライフプラン」や「ファイナンシャルプラン」を考えなければ出てこないでしょう。

「できる限りたくさんもらいたい」と思うのが人情ですが、それだけの金額がほしい理由を考えなければ、本当の意味での満足感を得られないはずです。

退職金の適正額(会社の視点)

役員退職金を受け取るにあたっては、当然ながら、会社からの目線を持つことが不可欠です。つまり、会社が社長のほしい金額を拠出できるだけの財務状態にあるか、という視点を欠かすわけにはいきません。

役員退職金を支払ったことで、会社の財政状態が揺らいでしまっては、本末転倒です。株主総会や取締役会での決議の前に、社長がほしい金額と会社が支払える金額の両面から、決めていく必要があるのです。

退職金を何のために使うのか、いくら必要なのか、その原資は会社にあるか、ない場合はどのように準備するのかを考えましょう。

たとえば、

・退職後に自身がやりたいことを行うのに必要なお金はいくら？
・退職後に一生涯受け取れる老齢年金以外に必要な生活資金は、月額いくら？
・遺族の相続税納税資金の準備として、いくら必要か？
・後継者以外の相続人への遺産分割資金として、いくら必要か？
・会社や自身の経営理念、想いを後継者に託し、会社を発展させるには、内部留保としていくら会社に残しておきたいか？

といった計算から、本当に必要な役員退職金額が見えてくるのです。

意思表示は明確に

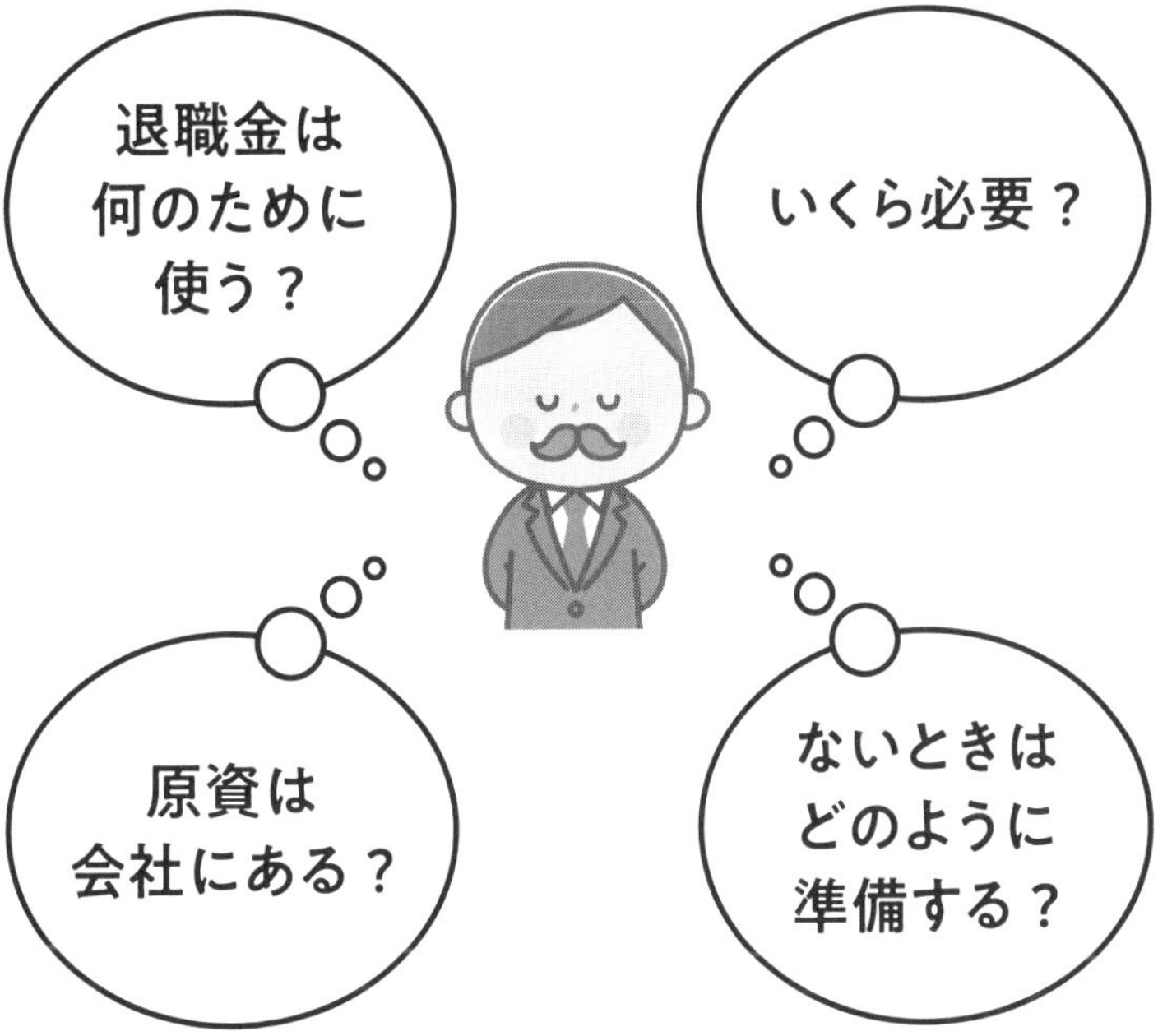

専門家にアドバイスをもらうには
「いくらほしい」
「どうしたい」
を決め、はっきり伝えよう

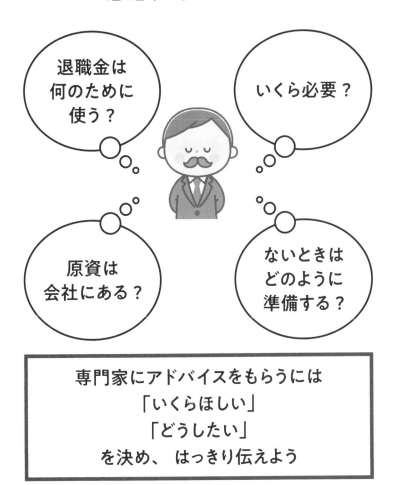

#「あなたは、いつまで社長でいたいですか？」

奥様の「鶴の一声」で社長の生き方が変わった例

これは、本章の序盤にお話しした「役員退職金チェックリスト　Q9 そもそも、亡くなるまで社長でいたいですか？　誰かに引き継ぎたいですか？」に関わる話です。

あるお客様の事業承継に関する案件で、非常に興味深いことがありました。

このお客様は社長退任にともない、ご子息へ会社を継承し、生存退職金を数千万円受け取りたいとのことで、話を詰めていたのです。

ところが、この社長と奥様が一緒にわたしの事務所へお越しいただいたとき、奥様のひと言で話がひっくり返りました。

そのひと言とは…「あなたは70歳で完全退職するなんて、多分無理よ。だって、息子がやっていることに絶対口出しするし、うまくいかなかったらイライラする。給料をもらいながら一生会長職をやっていたほうが、あなたには合っているよ」といったものでした。

このご夫婦は、30年以上二人三脚で会社経営を行ってきたこともあり、奥様は社長のことを誰よりもわかっています。

それだけに、このご意見にはすさまじいパンチ力がありました。

言われた社長は、もともと数千万円を生前に受け取る気でいたのですが、苦笑いしながら「そうだよなあ」と言っていました。

これは一見微笑ましいのですが、わたしなりに大きな気づきが2つあったのです。

退職金を生前に受け取るか生涯現役を貫くかで、退職プランも変わる

気づきのひとつ目は、「生前に退職金をもらわなければいけないわけではない」ということです。これまでわたしは、生前退職金と死亡退職金をほとんど区別していなかったのですが、**社長には仕事を好きな人が多いので、一生社長のままでいることがご本人やご家族にとってしあわせならば、それも選択肢になるはず**です。

2つ目は、退職金の額です。ひとつの考え方ですが、たとえば生前にもらう退職金が1億円だったとしても、それなりの年齢になってから死亡退職金として奥様に残すのであれば、2000~3000万円でもいいのではないか、ということです。

死亡退職金の額は、生前退職金と同じ1億円ではなくてもいいのかもしれません。もちろん、社長が亡くなったあとに受け取るお金は多いに越したことはありませんが、少なくとも2000~3000万円の退職金額なら、税務署から「過大だ」と言われることは、ほとんど考えられません。

もし奥様が異論を挟まないのであれば、問題はないはずです。

いつまで現役でがんばるかは、社長ご本人の生き方の問題です。人によっては、このような選択肢があってもいいとは思いませんか？

余談ですが、おそらくその社長とわたしの2人だけで話をしていたら、生前退職金の話だけになって、社長やご家族が心の底で望んでいることはわからなかったかもしれません。ご夫婦揃ってお話ししたことが、きっとよかったのでしょう。

次章の事業承継にも関わりますが、中小企業は家族経営を行っていることが多いので、**退職金も含めた事業承継については、夫婦お2人や後継者となるお子様を交えた話し合いを行うことが、非常に有効**と言えます。

5章ポイント

◯**社長の退職金とは?**

●「役員退職金」と呼ばれ、勇退、
　または死亡による退職時に支払われる

●「勇退後の人生を豊かにできる」という
　社長自身のメリットがある

◯**役員退職金の注意点**

●退職したあとの会社との関わり方

●退職金額が高額すぎて、
　損金として認められないケースがあること

◯**役員退職金を受け取るための3つの基準とは?**

●金額が過大かどうか(金額基準)

●正当な手続きを経ているか(形式基準)

●退職の事実があるか(実質基準)

◯**社長の退職金、どう考える?**

●「いくらほしいか」きちんと意思表示をする

●退職金を生前受け取るか、生涯現役か、
　退職プランを考える

第6章

生前の事業承継・相続対策で安心して生きよう

事業承継・相続がもたらす「豊かさ」

適切な事業承継や相続対策によって、「心」も豊かな人生になる

帝国データバンクの調査によると、2022年の全国の社長の平均年齢は60・4歳であり、年代別に見ると60代以上が過半数を占めているとのことです。

また、同社の2020年の調査では、後継者不在率が約65％にものぼることがわかっています。

じつに60歳以上の経営者の6割近くが、後継者の不在を理由に「自分の代で事業をやめる」と考えているという日本政策金融公庫の調査データもあるのです。

また、2024年の東京商工会議所のアンケートによれば、事業承継には時間がかかると認識しつつも、事業承継計画を作成している企業は2割にも満たなかったとのことで、**事業承継の遅れが社会問題化するなか、自分事として考えている会社はまだまだ少ない**と言えます。

会社の事業承継は、社長の相続対策にも直結するものです。

ただ、本書でお話ししたいのは、事業承継の進め方や税制、相続に関する知識ではありません。そのような話はさまざまな書籍に書いてありますし、昨今ではインターネットを検索すれば、情報を得ることができます。

事業承継に関してのおすすめは、中小企業庁が発行している『経営者のための事業承継マニュアル』です。こちらをご覧になったうえで、税務なら税務の専門家である税理士に相談すればいいのではないでしょうか。

そもそも事業承継や相続対策は、「社長自身のお金を増やす」ことに直接つながりません。もちろん、相続税額を減らすことができれば、一族として資産を増やすことにはつながります。ただ、相続はあくまでも社長本人が亡くなってからの話なので、社長自身の資産を増やすことにはつながらないのです。

ただ、いくら「物」があっても、家族がギスギスしてしまっては「心」が豊かとは言えません。**事業承継や相続対策を行うことで、「大きな安心」「争族のない円満な家庭」を得ることはできます**。

これは、何よりも得難いものなのではないでしょうか。

本章では、社長がよりよく生きるためのお話として、心が豊かになる事業承継や相続対策の話をします。

最高の勇退を考える

会社を興した意義を感じられる事業承継がもっとも望まれる

そもそも会社経営の楽しさは、どんなところにあるのでしょうか？

売上が上がり、利益が伸びることは、経営者としての大きな喜びです。

利益が積み重なって内部留保が増えてくると、人の採用が必要となり、仲間が増えていきます。そして、その仲間たちといい人間関係を構築できれば、喜びをわかち合う人たちも増えていくでしょう。


社長が成長し、家族も従業員たちも成長していくのは本当に楽しいことであり、そのなかから後継者が生まれ、自身の仕事を継いでくれることになれば、本当に嬉しいものですよね。

後継者がいて、お客様やサプライヤーの人たちも協力的であれば、喜びはさらに大きいものとなるはずです。

関わりのある人たちと良好な関係をつくり、毎日会社へ行くのが楽しいと思えるようになるべきではないでしょうか。

「あの人たちの顔なんか見たくない」「仕方がないから会社へ行く」という状態では寂しすぎます。

利益が生まれ、蓄積させた功績に対して支払われるのが、役員退職金です。

まわりの人たちから「社長、本当にありがとうございました。ぜひ退職金を受け取って、今後もお付き合いください」と言われるような会社経営をしなければいけません。

最悪のパターンは、資金繰りのあてが尽きて、すべての社員がやめてしまい、借金まみれになって、M&Aで買収してくれる会社もあらわれずに会社を閉じていくことです。

「惜しい会社だったな」「なんかもったいないな」と言われることもないようでは、あまりにも残念です。

会社経営を楽しみ、後継者も社長の想いを受け継いでくれれば、その後の人生もさらに楽しくなるでしょう。

会社を興した意義を感じられる形で、会社を勇退したい。

そう願う社長の総決算が、事業承継ではないでしょうか。

円満な事業承継につながる人との関わり方をしよう

「いい社長」でいれば、従業員は伸びる

従業員側から見た「いい社長」とは、どんな社長でしょうか?
たくさん給料をくれる…といったことは別にして、やはり「自分たちのことをわかってくれている社長」「心が通じ合っている社長」と答える人が多いのではないでしょうか。

とは言え、場合によっては「なんでできないかなあ…」「なんでわからないのかなあ…」「言った通りにやれば、できるのに…」と思うことも多いでしょう。

ところが、社長のそんな気持ちが社内の雰囲気を壊してしまうのです。

社長が不機嫌では、社内もギスギスしてしまいます。

社長は、会社の太陽であるべきです。

従業員の一挙手一投足を気にしすぎるのではなく、「ま、いっか」と思えれば、機嫌の悪い時間が減り、従業員も落ち着いて仕事をしてくれるはずです。


社長の基準が100％従業員の基準ではありません。


従業員それぞれに、いいところがたくさんあるものです。

それを捻じ曲げて、「俺のやり方でやれ！」と言うのは、いかがなものでしょうか。

人が違えば考え方も違い、それぞれが持っている個性も異なります。

それぞれの人の基準を大事にすることで、従業員は伸びていくでしょう。

「資産」は人生を豊かにしてくれるものであり、「人」も資産のなかに含まれていると考えることもできます。

社長と従業員とのいい関係性ができていると、従業員も水を得た魚のように働き、業績にもよい影響が出てくるものです。

そして、社長が勇退し、社長と従業員という経済的な関係がなくなったあと、プライベートのお付き合いができるかどうかも、非常に大切なことです。

金銭的な価値のあるものだけではなく、「人」という資産を増やすのは、人生において非常に重要なことでしょう。社長であっても従業員であっても、もっともストレスを感じるのは人間関係なのです。

経営を支えてくれた「右腕」たちの処遇も大切

事業承継について、もうひとつお伝えしたい大切なことがあります。

50〜60代の社長には、ご自身と一緒に会社経営を担ってきた右腕的な存在の幹部がいることも多いでしょう。年上の部下もいるかもしれません。

一方で、新社長として継ぐ人は40歳程度という場合もあるでしょう。

その際に、これまで会社を支えてくれた別の社員たちをどのようにするかという問題も発生します。

40代前半の新しい社長は、前社長と関係の深い幹部の人たち、つまり年上の部下に対してやりにくさを感じることもあるわけです。

もちろん、幹部たちの多くは仕事ができて、共感性があり、新しい社長を盛り立てようとしてくれるはずです。

ところが、時間の経過とともに、不安材料が出てくる可能性も否定できません。

そうなったときに、古株の幹部たちの処遇が問題となります。そのまま役員として残すか、社長と一緒に勇退してもらうか、悩みどころなのではないでしょうか。

場合によっては、自分を支えてくれた役員たちの退職金も併せてつくっておかなくてはなりません。

会社の資産は、社長ひとりだけでつくってきたわけではないでしょう。苦しいときに一緒にがんばってくれた右腕や左腕の役員たちがいたからかもしれません。

そんな存在に対して、何らかの報いを考えたいところです。

自分の財産形成を手伝ってくれた経営幹部たちも含めて、人生をいかに楽しむかを考えましょう。

もしかすると、社長が退任するときに最年少役員が55歳ほどだったとすると、子どもがまだ学生で、教育費が必要である可能性もあります。

社長として、このようなことも視野に入れる必要があるのです。

まだ50代でバリバリ働ける年齢であれば、会社に居続けてもらい、次へつなぐ形で社長になってもらう選択肢もあるでしょう。


社長は、ただ後継者を選ぶのではなく、その後継者を盛り立てる人たちの処遇も併せて考えたいものです。

経営者を支えてくれた幹部（右腕）の処遇も考える

これまで会社を支えてくれた幹部の
人たちをどのようにするか

↓

何らかの報いを考えておく

自身の事業承継を想定してみる

社長としての経験はさまざまなところで活かせる

仮の話ですが、わたしが税理士事務所を勇退し、事業承継することになっても、完全に引退して悠々自適に過ごそうなどとは微塵も考えていません。

個人で仕事を行うなど、世間との何らかの関わりは持っていきたいと思っています。

税理士事務所の代表でなくても、税理士であることには変わりありません。

個人で相続対策や税務の相談を受けることができますし、税理士事務所とは異なる形で事業を広げることもできるはずです。

たとえば、わたし自身の経験を活かしてもっとたくさんの書籍を出版する、講演会を開く、といった活動もできるでしょう。

社長ではなくなったからと言って、仕事をしてはいけないというルールはありません。働き詰めでできなかった長期旅行をしつつ、何らかの仕事をする選択肢もあるのです。

お付き合いのあった会社の顧問や相談役になって、お給料をもらうことがあっても、元の会社と利益相反しないのであれば、とくに問題にはならないでしょう。

町内会やボランティアに参加して、社会貢献を行うのも素敵なことですよね。

ご自身がこれまで関わってきた、さまざまな団体のお手伝いをしてもいいはずです。

これまでの貴重な経験を活かす方法は、探せばいくらでも見つかります。

新社長の心の支えでいることも重要

あなたも経験があるかもしれませんが、社長という立場が、あなたを「社長」にしたのではありませんか？

当たり前のことですが、最初から「社長」として生まれてくる人はいません。社長という責任ある立場で経営計画を立て、判断し、金融機関と交渉し、人を雇い・育てるなかで、社長は「社長」になっていくのです。

結局、社長の気持ちがわかるのは社長だけです。

社長は社長とのお付き合いのなかで、磨かれていきます。

後任の社長が困ったとき、社長の立場からアドバイスできるのは、社長を経験したあなたかもしれません。そして、同じように困っている他社の社長へアドバイスできるかもしれません。

長年社長を経験したという強みは、一生活かせるのです。

社長の経験は一生活かせる

勇退後・・・

貴重な経験を活かす方法は
いくらでもある

「M&A」の優先順位

発展的な事業承継に有効であれば、M&Aを選択肢に入れてみる

ここまで社長の勇退についていろいろお話ししてきました。わたし自身の話も例にあげ、考えられる方策について解説します。

数年後には、わたしも勇退の時期を迎えるものと想定していますが、そのときには、これまでの経験を活かして後任の社長へいろいろなことを伝えたいですし、ほかの若い社長たちのお役に立ちたいと考えています。

今後も出版の予定がありますし、税理士をやめるつもりもありません。

個人で活動するか、これまでの事務所とは異なる会社をつくるか、思案しているところです。

自分自身が経験したことを書籍にしても、おもしろそうです。

税理士としてさまざまな会社を見てきた経験、自らが経営者として会社を経営してきた経験を活かし、活動の場を広げていきたいと思っています。

税理士事務所がM&Aを考えるのであれば、所長が元気なうちに行うべきではないでしょうか。地盤としている地域で自分たちがもっとやりたいことを行うには、資金力や人、大きな基盤が必要です。

また、税理士事務所の採用は、ほかの業種と同様に簡単ではありません。

でも、**M&Aによって企業規模が拡大し、広い地域で職員を募集すれば、採用は有利に働く**ことも想定されます。

いまは大きな事務所ではなく、職員が少なくても、大きな基盤を持つ事務所と組むことで、これまではできなかった仕事ができるかもしれません。

M&Aの優先順位を上げるのもいい考え

事業承継と言うと、まずはお子様に引き継ぐことを考え、それが駄目なら「右腕」や「番頭さん」のなかから後継者探しを行い、それも駄目ならM&A、と考えられがちです。

ただ、発展的に事業を引き継ぐために有効であれば、M&Aを優先的に考えてもいいのではないでしょうか。

昨今では、これまで第一選択だった親族内の承継が、全体の4割ほどまで下がっています。自分の人生は自分で決めたい、と考えるお子様が増えているのかもしれません。「家業を守らなければ…」という理屈が通りにくくなっているわけです。

なお、M&Aを考えるならば、それなりの準備が必要です。親族内事業承継であれば、株価を下げて後継者に承継しやすくするのが大きなポイントになりますが、M&

Aを考えるのなら、財務の透明性向上をはかったうえで、会社の価値を上げることを最大のポイントにしなければなりません。

つまり、真逆の戦略をとることになるため、1～2年で戦略変更ができるものではない、ということになります。

充分に検討を行い、M&Aを決断したのなら、その目標に対して着実な戦略を組む必要があります。やはり、**M&Aは10年スパンで考える必要がある**でしょう。

また、わたしのような個人事業者の場合は、株式の譲渡ではなく事業譲渡になるため、税務の扱いも異なります。

ただ税理士というだけでなく、M&Aを経験したことのある専門家のアドバイスは、今後必須になるでしょう。

相続が「争族」にならないために

対策は元気なうちに

相続については、よく相続税の軽減対策が重要視されますが、もっとも大切なのは、家族が揉めないことではないでしょうか。

210ページの図に「相続対策の優先順位」を記載しましたが、相続の基本は遺言書や生前贈与、生命保険などを活用し、誰にいくら残すのかをきちんと自分で決めることです。

とくに認知症になると、遺言や生前贈与、生命保険契約などの法律行為ができなくなるため、さまざまな対策は元気なうちに行っておかなければなりません。

相続におけるトラブルで多いのは、離婚した妻との間に子どもがいた場合や子どもがいない夫婦の場合、そして子どもの配偶者が口を出してくる場合です。

このようなケースも、**遺言書があれば解決しやすくなりますが、なければトラブルが起こることも増えます**。

お墓や仏壇、亡くなるまでの親の世話が絡み、取り分をめぐって感情的なことで問題になるケースも少なくありません。

相続税の対策をする人は多いのですが、揉めないために遺言書を作成することをないがしろにしていることが多いので、手遅れにならないうちに遺言書をつくりましょう。

相続対策の優先順位

対策 / 方法	『争族・争続』	『分割・遺留分』『納税資金』	相続『税』	注意点など
エンディングノート	○			『想い』は残せる法的拘束力なし
遺言	○	○	○	公正証書、遺言執行者、予備的遺言
生命保険	○	○	○	非常に有効だが、加入年齢に制限あり
生前贈与	○	○	○	特例多数、贈与税に注意
養子縁組	△	○	○	人間関係要注意
民事信託（家族信託）	○	○		専門家に相談
相続時精算課税制度	○			不動産の場合の落とし穴注意
不動産の権利調整（整理）		○		『共有』や土地・建物の所有者が違う
不動産の有効活用			○	賃貸物件の取得による相続税評価減
資産の組替え	○		○	流動性のバランス、残し方の配慮
法人設立			○	専門家に相談
納税猶予特例（法人）		○	○	専門家に相談

失敗例から学ぶ

自筆証書遺言と遺書は違う

遺言書の主な形式には、公証役場で2名の証人とともに作成する「公正証書遺言」と自ら書き上げる「自筆証書遺言」があります。

どちらも法律的に有効なのですが、とくに自筆証書遺言の場合、トラブルが起こりがちです。

自筆証書遺言で少なくないのは、いざ亡くなったときに机のなかを整理していたところ、自筆証書遺言が出てきたケースです。

また、「こんなものを書いたのだけれど…」と見せたところ、家族から拒否されることも…。

遺言書を書こうと思った背景には、一大決心があったはずですが、基本的に遺言書は、残した家族にしあわせになってもらうために書くものではないでしょうか。

せっかく大きな決意をして書いたものですから、せっかくなら遺言者によって家族がしあわせになってほしいですよね。

家族によっては自筆証書遺言が重荷になることも

社長として長年がんばって、相応の資産をつくることができたとします。

ただ、これは社長ひとりのおかげではなく、家族のサポートがなければ難しかったかもしれません。

たとえば、奥様がずっと傍らで一緒にがんばってくれたのであれば、住む家と亡くなるまで十分に暮らせるだけの預金を奥様に残すべきです。

また、経営の手助けをしてくれたご長男に事業を継ぐ意思があるのなら、経営権を握るために必要な株式を全部ご長男に渡すことに何の異論もないはずです。

ただ、本人に事業を継ぐ気がないのに、「長男なんだから、お前がやれよ」と一方的に株式を渡そうとしても、すでにほかの会社でそれなりの役職についていて、将来を嘱望されているのなら、納得してもらえないでしょう。

「それなら、妻を社長に…」と考えて奥様へすべての株式を残そうとしても、「いい歳になって、社長なんかやりたくない」と言われてしまう可能性が高いのです。

このように家族のことをきちんと見ていない場合、いくら遺言で財産分けをしようとしても、拒否されてしまうので、注意が必要です。**家族会議を行って相続についてのコンセンサスをとってから、遺言書をつくるほうがいい**でしょう。

また、最近は家族会議の経験がない人も増えているので、弁護士などの専門家に相談することもおすすめです。

先に知らせてくれていたらお互いの意思が確認できる

父親が亡くなって、書類を整理していたところ、遺言書が見つかったとします。でも、その中身が家族の意思とは異なり、思っていたことが好き放題に書かれていたとしたら、それを読んだ家族は「どうして相談してくれなかったんだ…」という気持ちになりますよね。生前に「会社を頼む！」と伝えていれば、何かしらの意思表示があったはずです。なのに、なぜ家族に相談しないのでしょうか？

言っても断られるかもしれない…と思ったのでしょうか。

遺言書に書かれていることを家族が受け入れられないのなら、自分たちで遺産分割をするしかありません。つまり、全員で遺産分割協議を行うこととなります。

それは、悲しいことですよね。

ですから、遺言書を書く際には、拒否されることも覚悟して、家族の意思を確認しておくべきです。

社長が用意するべきこと

社長が生前の相続対策を行うにあたっては、遺言書を残しておく必要があります。

なぜなら、遺言書がなければ揉める材料になるからです。

とくに、会社の後継者問題が最たるものでしょう。

遺言書を書くのは一大決心…と思っている人は多いのかもしれませんが、そこまで思い詰める必要はありません。

遺言書は遺書とは異なるので、もっとリラックスして書いてほしいのです。


遺言書は、一度書いたあとで変更があったら、書き直しができます。

65歳で書いたものを、80歳になったときに書き直すこともできます。

また、すべての財産の受取人を指定せず、部分的に書くことも可能です。

預金の部分だけでもいいですし、不動産だけでも結構です。

もちろん、すべてを決めておくに越したことはありません。

家族へのメッセージも一緒に記しておく

遺言書を書く際におすすめなのが、家族に伝えたいメッセージを「付言事項」として残しておくことです。

付言事項とは、遺言者の気持ちや相続人に伝えたいことを書き残すことです。法的な拘束力はありませんが、争族防止に役立つケースも少なくありません。

家族に対する想いを書いておくことは、大事なことなのです。

あなたが普段厳格な父親として振る舞っているのなら少々照れくさいかもしれませんが、本当の気持ちを書き残しておけば、お子様も安心するのではないでしょうか。

もっとも避けたいのは、家族間のコミュニケーション不足です。

そこでぜひ開いてほしいのが、家族会議です。あなたの気持ちをしっかりと伝え、意見を交わす機会を持つためにも、家族会議を開催しましょう。

信頼できる第三者が入ることで、話し合いがスムーズに進む確率が高くなります。

6章ポイント

◯よりよい事業承継のために

- ●惜しまれて勇退できる準備をする
- ●家族間の争いが起きないよう
生前に準備を整えておく

◯現役のときに事業承継を検討する

- ●後継者だけでなく、
後継者を盛り立てる人たちとも
良好な関係を築いておく
- ●承継の選択肢として「M&A」も考えてみる
- ●M&Aを検討するなら、10年スパンで考える

◯相続対策は元気なうちに

- ●遺言書は家族会議を行い、
相続の話をしてからつくる
- ●一度書いたあとで変更があれば、書き直しをする
- ●遺言書といっしょに
家族へのメッセージも残しておく

おわりに

最後までお読みいただき、ありがとうございました。

人生をかけて、長年会社を大切に経営してきた社長の方々には、本当に素晴らしい人生を送っていただきたいと願っています。

ただ、永久に社長のままでいることはできません。

心を決めて勇退するにしても、命の灯火が消えるにしても、いつか社長でなくなる日はかならずやってきます。

そこで大きなイベントとなるのは、事業承継であり、相続です。

とくに事業承継は、後継者を誰にするか、M&Aでバイアウトするか、といった最善の選択に頭を痛めがちです。

また、承継する場合の株価対策など、考えなければならないことも山積みですね。

事業承継にあたっては楽しく・みんながハッピーになる形でおさめられるのが理想です。

ありがちなのは、バイアウトを選択したものの値段がつかないことです。

M&Aはお金を出して買ってくれる先がなければ始まりませんが、結局値段がつかず、タダ同然で引き取ってもらうケースが少なくありません。

でも、それでは悲しいですよね。数十年間大切にしていた会社や事業を、

「価値は0円です」

と言われたケースをいくつか見てきました。

なかには、

「拠点はほしいから、仕方がないので家賃だけお支払いします」

と言われ、場所代だけで引き取ってもらった人もたくさんいました。

これでは、

「わたしの数十年間は、いったい何だったのか…」

といった気持ちになってしまうでしょう。

そうではなく、現役の社長には価値のある会社をつくれるようがんばってほしいのです。最近流行りの「ＦＩＲＥ」よりも、完全燃焼したうえで後継者に承継するのが、もっともしあわせなリタイアになるのではないでしょうか。

もちろん、会社や事業を存続させてもらえるＭ＆Ａを活用してもいいでしょう。


本気で長年社長業に取り組み、「最後の最後で会社を潰したくない」「どうしても誰かに継いでほしい」といった想いのある会社の価値が認められ、高値がついたうえで、次の社長に「この会社をお願いします」と笑顔で言えれば素敵ですよね。

さらに、次の社長が「この会社を任せていただけるなんて、本当に光栄です」と言ってくれたら、社長冥利に尽きる話です。

このような形が、社長の最高の「出口」なのではないでしょうか。その際には、会社を成長させた功績に報いるだけの退職金を、ぜひ社長に受け取ってほしい。

もちろん、やむなく会社を閉じる結果になることもあるでしょう。

そのときも、社長はしっかりと退職金を受け取ってほしいのです。

少なくとも、「すっからかん」の状態でやめるのは、絶対に避けたいことですよね。

ともあれ、社長のひとつの出口は事業承継であり、そこで役員退職金が発生します。

一方で、60歳を過ぎると国から年金をもらう、勇退後の余生をいかに過ごすか、といった話が出てくるでしょう。その時点で、会社を引き継ぐ側、引き継がれる側が本当にしあわせになれる事業承継をしてほしい。これが、わたしたちの第一の願いです。

そして、勇退後は社長もご家族もますます楽しい人生を送り、悔いを残さない。そんな素敵な人生を歩んでほしいのです。

日本中のすべての会社がそんな流れをつくれれば、本当に素晴らしいことです。

きっと、これから起業する人たちにも大きな夢を与えるでしょう。

そして、世の中がもっとよくなっていくはずです。

一般的に、事業承継や勇退後の生活を考えるのは、70歳を過ぎるか過ぎないかの社長です。ただ、できれば社長が60代になった時点で、考え始めてほしいと思っています。

わたしが見ている限りでは、70代になった時点で事業承継などを考え始める社長が多いのですが、事業承継には相応の期間が必要であり、準備を進めているうちに80歳を迎えてしまいます。

この年齢になると、事業承継が終わらないうちに亡くなってしまう方も少なくありません。ほとんど引き継ぎの準備が進んでいないときに、社長が亡くなってしまうことになれば、大変なことです。

社長にとってはしあわせな人生でも、まわりの人たちはどうでしょう？

まわりの人たちをどれほどしあわせにしたのかということも、大切ではないでしょうか。

準備は早いに越したことはありません。

もちろん、事業承継や相続、年金の受給などは、社長ひとりで完結できるものではありません。やはり、相談相手を持っておく、もしくはさまざまな相談ネットワークを持っておくことも欠かせないでしょう。

わたしたちも税や年金の専門家ですが、すべてのことに解決策を提示できるわけではありません。

そこで、「家続の会」というネットワークをつくり、不動産、資産運用、保険、弁護士、土地家屋調査士といったさまざまな業界の専門家がお客様の課題を解決できる体制をとっています。

もし本書を読んで、課題解決をしたいと思った方は、「家続の会」というご相談の受け皿もご活用いただけると幸いです。

本書が社長であるあなたの素敵な人生に貢献できれば、これに勝る喜びはありません。

２０２４年10月　清野宏之
萩原京二

<著者プロフィール>

清野 宏之（きよの・ひろゆき）

税理士・行政書士、清野宏之税理士事務所所長。茨城県を中心に、相続税・贈与税の税務申告書作成、タックスプランニング、不動産など資産活用アドバイス、富裕層の所得税確定申告分析などのアドバイスを行う。これまで500回を超える相続税セミナーに登壇し、年間30件近い相続案件を受け持つ。個別面談による相談実績は、3000件を超える。お客様の相談を親身になって聴き取り、人生のよきパートナー（相談相手）になるべく、活動をしている。著書に『図解 子50歳・親80歳までに絶対知るべき生前相続』『社長の資産を守る本』（セルバ出版）がある。

萩原 京二（はぎわら・きょうじ）

社会保険労務士、働き方デザインの学校校長、一般社団法人パーソナル雇用普及協会代表理事。大手企業（東芝）でサラリーマン人生を送っていたが、28歳のときに父親が詐欺に遭い、3億円を失う。家族の生活を支えるために完全歩合の保険営業マンに転身するも、契約がまったく獲得できずリストラされることに。保険会社在職中に取得した社会保険労務士資格で独立起業、たったひとりで年商1億円を稼ぐカリスマ社労士となる。著書が22冊あり、テレビへの出演も多数。

社《しゃ》長《ちょう》の資《し》産《さん》を増《ふ》やす本《ほん》　〈検印省略〉

2024年10月29日　第1刷発行

著　者 —— 清野 宏之・萩原 京二

発行者 —— 星野 友絵

発行所 —— 星野書房

〒107-0062 東京都港区南青山5丁目11-23-302
電　話　03 (6453) 9396 ／ FAX　03 (6809) 3912
URL　https://silas.jp
E-mail　info@silas.jp

発　売 —— サンクチュアリ出版

〒113-0023　東京都文京区向丘2-14-9
電　話　03 (5834) 2507 ／ FAX　03 (5834) 2508
URL　https://www.sanctuarybooks.jp/
E-mail　info@sanctuarybooks.jp

印刷・製本　株式会社シナノパブリッシングプレス
装丁　谷元将泰（谷元デザイン事務所）
本文デザイン・DTP　宮島和幸（KM-Factory）
企画・構成・編集　星野友絵・牧内大助（星野書房）

ISBN978-4-8014-8259-3 C0034